요즘 어른을 위한 최소한의
인공지능 이야기

챗GPT도, 일론 머스크도 알고 싶은

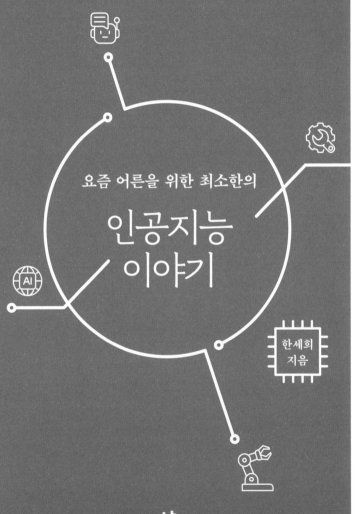

요즘 어른을 위한 최소한의

인공지능
이야기

한세희
지음

날

책을 내며

IT와 과학 분야 기자로 일하면서 많은 기술이 피고 지는 것을 지켜보았습니다. 최근 가장 주목받는 기술은 다 아시다시피 인공지능입니다. 2022년 말 오픈AI가 챗GPT를 공개한 이래 세상은 온통 인공지능 이야기뿐입니다.

이전에도 인공지능은 있었지만, 챗GPT는 이전과 완전히 다릅니다. 사람처럼 자연스럽게 텍스트와 이미지, 영상 등을 만들어 내놓으니까요. 이전보다 훨씬 더 '인간'에 가까워져 인간은 제가 발명해 놓고도 놀라 뒷걸음치는 형국입니다.

저 역시 챗GPT를 놀라며 지켜보는 중입니다. 이참에 인공지능이 이렇게 급격히 발전한 배경은 무엇인지, 이런 인공지능이 우리 사회와 일상을 어떻게 바꾸어 놓을지 짚어 보고 있습니다. 이 기술도 한때의 열풍으로 그치고 마는 것은 아닐까 의심도 하면서요.

인공지능은 하늘에서 뚝 떨어진 것이 아니라 사실 70년 넘게 연구돼 왔습니다. 챗GPT는 그 결과물들 중 하나일 뿐입니다. 인공지능 연구는 주목을 받았다 잊혔다를 반복했습니다. 연구 기간 중 세 번의 큰 고비를 겪어 '세 번의 겨울을 보냈다'고 표현할 정도지요.

이번 인공지능 열풍은 적어도 꺼지지는 않을 듯합니다. 앞서 말씀드린 것처럼 이전과 다른 단계에 들어선 인공지능이기 때문이지요. 지금의 인공지능은 인간의 창의력까지 흉내 내고 있습니다.

인공지능은 많은 변화를 일으킬 것이고, 특히 일하는 방식을 바꿀 것입니다. 사라지는 일자리도 생기고, 인공지능 덕분에 더 주목받는 일자리도 생기겠지요. 지금 좋은 일자리들이 별 매력 없는 일이 될 수도 있고요. 또한 인공지능 활용이 늘어나면, 우리 사회의 중요한 결정에 인공지능이 관여하는 일도 늘어날지 모릅니다. 그럴 때 우리는 과연 어디까지 우리의 판단을 인공지능에 위임해도 되는지 심각하게 논의해야 할 것입니다.

이 책은 인공지능이 무엇인지 알고 싶은 양육자나 교사 등을 생각하며 썼습니다. 자녀나 아이들이 인공지능에 대해 물을 때 최소한의 지식은 전해 주면 좋겠어서 말입니다. 저만 해도 아이들에게 질문을 곧잘 받고 어떤 질문에는 어찌 설명할지 몰라 진땀을 뺀 적도 있습니다. 아이들에게 받았던 질문, 기자로 일하면서 받은 질문 등을 바탕으로 질문을 엄선했습니다. 그리고 최대한 쉽게 설명하려고 해 보았습니다.

이 책은 인공지능 기원부터 미래까지 인공지능에 관한 전반적인 내용을 다룹니다. 인공지능이 어떤 과정을 거쳐 오늘에 이르렀고, 이 기술이 할 수 있는 것과 없는 것은 무엇인지, 무엇보다 우리가 인공지능을 어떻게 활용할 수 있을지 얘기합니다. 인공지능이 앞으로 어떻게 발전해 갈지 내다보고, 인간과 비슷한 지성을 가진 존재의 등장을 어떻게 받아들여야 할지 등 인공지능을 둘러싼 여러 문제도 소개합니다.

독자들이 이 책을 통해 기술 발전이 나의 삶과 밀접함을 이해하면 좋겠습니다. 그리고 사회가 나아가야 할 방향에 대해서도 고민해 볼 계기가 되길 빕니다.

차례

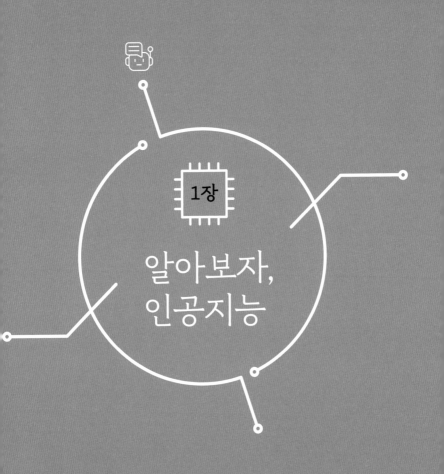

1장

알아보자,
인공지능

인공지능이 뭐지?

숙제를 하거나 보고서를 쓸 때, 보통 인터넷에서 자료를 검색합니다. 알고 싶은 내용이 담긴 사이트를 찾아 내용을 파악하고, 이렇게 얻은 정보 중 가치 있는 것을 골라 재구성합니다. 인터넷이 없던 시절에는 도서관에 가서 책이나 오래된 신문, 잡지를 뒤져야 했습니다. 지금은 많은 정보가 디지털화되어 인터넷에서 찾아볼 수 있기 때문에 정보를 얻기가 쉬워졌습니다. 예전에는 학교를 다니거나 관련 지식이 많은 사람을 직접 찾아가야 배울 수 있던 많은 것을 이제는 스마트폰 화면에서 볼 수 있습니다. 지식을 만들고 퍼뜨리기 엄청나게 쉬워진 것이죠.

우리는 여전히 더 간편하고 빠른 방법을 찾습니다. 인터넷에서 찾은 정보를 아예 컴퓨터가 알아서 정리해 주면 좋지 않을까? 글 쓰는 일이 너무 골치 아프고 어려운데 기계가 '대신해 주면 좋을 텐데…. (나는 머릿속 생각을 글로 옮겨 주는 기술이 빨리 나오기를 기다리고 있다.) MS 워드나 엑셀 같은 프로그램은 글을 쓰거나 회계장부를 정리하는 작업을 무척 빠르고 편리하게 해 주었습니다. 그렇더라도 MS 워드가 소설을 자동으로 써 주거나, 엑셀이 회사 재무 상황을 정리해서 보고서를 만들어 주지는 않습니다. 그런 일은 '사람'이 하는 것이죠.

과연 그럴까요? 앞으로는 그렇지 않을 듯합니다. 인공지능AI, Artificial Intelligence 덕분이죠. 다들 챗GPT니 생성형 AI니 하는 말을 들어 봤을 것입니다. 최근 1, 2년 사이에 전 세계를 뜨겁게 달군 이슈라 해도 과언이 아닙니다. 오픈AI라는 회사에서 만든 챗GPT는 2022년 12월 출시 이후 3개월 만에 사용자가 1억 명이 넘어섰다고 하지요. 역대 인터넷 서비스 중 가장 빠른 성장세를 보였습니다. 오픈AI와 손잡고 있는 MS를 비롯해서 구글과 메타 같은 외국의 유명한 IT 대기업들은 물론, 우리나라 네이버·카카오·SK텔레콤 같은 회사들도 모두 인공지능 사업에 나섰습니다. 미국, 유럽, 우리나라 등 세계 주요 국가들은 인공지능을 지원하거나 규제하기 위한 법을 만드는 작업을 하고 있습니다. 인공지능을 가동하는 데 필요한 반도체를 만드는 엔비디아NVIDIA 같은 회사는 주가가 하도 올라서 시가총액이 세계에서 첫 번째로 높은 기업(2024년 6월 현재)이 되었답니다.

글도 쓰고 그림도 그린다고?

챗GPT가 이렇게 큰 주목을 받게 된 것은 무엇보다 사람만 할 수 있다고 생각한 일들, 기계로 자동화될 일은 없으리라 생각했던 일들을 너무나 잘 해냈기 때문입니다. 시를 짓고 소설을 쓰는 인공지능, 듣도 보도 못한 상상 속 풍경을 그려 내는 인공지능, 신의 존재에 대해 철학적으로 대화를 나눌 수 있는 인공지능을 상상해 본 적 있나요? 멀리는 산업혁명 이후, 가까이는 최근에 도래한 디지털 시대에도 우리는 이러한 일들은 온전히 '인간'만이 할 수 있는 일이라고 자부했습니다. 비록 기계와 소프트웨어가 점점 사람의 일자리를 대체하는 추세이더라도 말이지요.

그런데 생성형 AI가 이런 믿음을 산산이 부수어 버렸습니다. 인공지능이 단지 사람보다 많은 정보를 저장하고 처리하는 것을 넘어 나보다 글도 잘 쓰고, 그림도 잘 그리고, 대화도 더 잘 이어 가고, 음악도 더 잘 만들어 내는 시대가 온 것입니다. 생성형 AI는 'Generative AI'라는 영어 표현 그대로 무언가를 '만들어 내는generate' 인공지능이라는 의미입니다. 글, 그림, 음악이나 영상, 컴퓨터 프로그래밍 코드를 만들어 낼 뿐 아니라 어려운 수학 문제도 풀고 신소재 개발을 위한 연구와 실험도 스스로 합니다.

이처럼 생성형 AI는 다른 존재와 구분되는 인간만의 특징 혹은 우월한 점이라고 여기던 것들을 기계도 할 수 있음을 보여 줍니다. 이로 인해 인간은 자신이 누구인지에 대해 근본적으로 묻지 않을 수 없게 되었습니다.

물론 그렇다고 해서 인공지능이 지능 혹은 의식을 가지고 있다고는 아직 말할 수 없습니다. 생성형 AI는 말 그대로 문장이나 이미지를 만들어 낼 뿐, 그 글이나 그림의 의미를 아는 것은 아닙니다. 알지 못하는 것들을 놀라울 정도로 수준 높게 뽑아내는 것뿐이지요. 사람의 말을 아주 능청스럽게 잘 흉내 내는 앵무새에 비교할 수도 있습니다.

▶▶▶

아직 모르는 것

그런데 문제가 있습니다. 인공지능 내부에서 어떤 원리로, 어떤 과정을 거쳐 이 같은 일이 일어나는지 아직까지는 정확히 알 수 없다는 사실입니다. 인공지능은 연구자들이 예상하지 못한 방식으로 생각지 못한 능력을 보여 주는 경우도 종종 있답니다. 그래서 인공지능 분야 최전선에서 일하는 연구자들 사이에서도 현재의 인공지능이 단지 매우 우수한 소프트웨어인지 혹은 사람의 지능이나 의식과 비슷한 무엇(이를 인공일반지능이라고 하는데 뒤에서 자세히 설명한다)으로 발전하는 과정에 있는 것인지를 놓고 의견이 분분합니다.

앞으로 인공지능이 얼마나 발전할지 정확히 예측하기는 어렵습니다만, 우리 삶과 사회의 모습을 크게 바꾸어 나갈 것이라는 점은 확실해 보입니다. 가정에서, 학교에서, 기업에서, 정부에서 인공지능은 많은 일을 더 편리하고 효율적으로 처리해 나갈 것입니다. 그 과정에서 일자리가 사라지거나 일하는 방식이 크게 바뀌는 일도 일어나겠지요. 이제 우리는 어떤 준비를 해야 할까요? 어떤 역량을 키워야 할까요? 생각할 거리가 많습니다. 그리고 저도 해 주고 싶은 말이 많고요.

◄◄◄

컴퓨터는 어떻게
탄생했을까?

우리는 모두 아주 성능 좋은 컴퓨터를 한 대씩 손에 들고 있습니다. 바로 스마트폰입니다. 1969년 인류 최초로 달에 착륙한 아폴로 11호에 실린 컴퓨터의 램RAM 반도체 용량은 4킬로바이트KB였습니다. 램은 컴퓨터가 빠르게 작동할 수 있게 필요한 데이터를 저장장치에서 가져와 임시로 보관하다 중앙연산장치CPU에 전달하는 일을 하는 메모리입니다. 4킬로바이트면 이 책의 2쪽 정도의 글자를 저장할 수 있는 양입니다. 현재 아이폰15의 램은 8기가바이트GB니까 용량이 대략 200만 배 이상 늘어난 셈입니다. CPU 처리 속도는 아이폰이 아폴로 11호의 컴퓨터보다 10만 배 이상 빠릅니다. 약

50년 동안 컴퓨터 기술이 이렇게 발전한 것이지요.

메소포타미아에서도 쓰인 주판

컴퓨터는 현대의 산물입니다. 제2차 세계대전을 겪으며 본격적으로 발전했습니다. 2차 대전은 세계 주요 국가들이 두 개의 진영으로 갈라져 총력전을 펼친 전쟁이었습니다. 대전이란 말답게 규모도 아주 컸고, 상대를 이기기 위해 국가의 모든 역량을 쏟아부어야 했죠. 탄도의 궤적을 계산하거나 군대의 보급과 행정을 처리하는 등 복잡하고 방대한 일들을 효율적으로 처리하기 위해 컴퓨터가 급속도로 발전했습니다.

당시 컴퓨터는 커다란 방 하나 크기였습니다. 그러다 점점 작아져 1980년대에 이르면 책상에 올려놓고 쓸 수 있게 됩니다. 이후 들고 다니기 편한 노트북 컴퓨터가 나오고, 2010년 전후로 스마트폰이 나옵니다. 컴퓨터는 점점 작아져 이제 스마트폰은 주머니에 들어갈 정도지요.

컴퓨터는 갑자기 하늘에서 떨어진 것이 아닙니다. 컴퓨터가 '계산하다'는 뜻의 'compute'에서 유래했다는 점을 생각해보면, 컴퓨터의 가장 먼 조상은 최초의 연산장치인 주판이라

파스칼 계산기

고 볼 수 있습니다. 주판은 고대 메소포타미아 지역에서 만들어져 수천년 동안 세계 곳곳에서 회계를 하거나 장부 정리 등을 할 때 널리 쓰였습니다. 지금은 계산기, 컴퓨터, 스마트폰 등에 밀려 거의 쓰지 않지만요.

프랑스의 수학자이자 철학자였던 파스칼Pascal은 1642년 기계식 계산기를 만들었습니다. 1에서 9까지 적힌 다이얼 여러 개가 나란히 있고, 자릿수가 올라가면 옆 다이얼로 1이 넘어가는 식이지요. 파스칼이 열여덟 살 때 세무 일을 하는 아버지를 돕기 위해 만들었습니다. 거듭 개량해서 유럽 일대에서 쓰였다고 합니다.

프로그래밍 개념 고안한 배비지

파스칼 계산기와 주판은 연산만을 위한 도구였는데, 19세기 영국의 수학자 찰스 배비지Charles Babbage는 프로그래밍이 가능한 도구를 생각해 냅니다. 그는 다항식을 계산해 로그함수와 삼각함수 계산도 할 수 있는 차분기관difference engine이라는 기계를 설계했고, 실제로 만들려고 했습니다. 어떤 원리인지 설명을 들어도 너무 어려워 마음이 차분해지기 때문에 차분기관인 것일까요?(^^) 차분법은 함수의 두 점 사이의 변화량을 이용해서 함수의 변화율을 계산하는 방법입니다. 자세한 원리를 설명하는 것은 이 책의 범위를 벗어나니 이것만 짚고 넘어가겠습니다. 차분법을 사용하면 간단한 덧셈만으로 다항식의 값을 구할 수 있습니다. 7차 함수까지 계산할 수 있게 설계되었다고 합니다.

19세기는 제국주의 시대였죠. 바닷길을 통한 무역이 세계 경제의 핵심이기도 했습니다. 이런 배경 때문에 항해에 필요한 복잡한 수식을 빠르게 해결할 수 있는 장비가 절실했습니다. 그래서 영국 정부도 배비지의 연구에 보조금을 주었습니다. 부유한 집안 출신인 배비지는 물려받은 유산도 이 기계를 만드는 데 쏟아부었습니다.

◀◀◀

차분기관

　당연히 당시에는 반도체 같은 것이 없었으니, 복잡한 계산은 모두 톱니바퀴와 기어를 돌리는 방식으로 이루어졌습니다. 설계대로 만들면 높이 2.4미터에 부품이 2만 5천 개 들어가는 거대하고 정교한 기계가 되었을 것입니다. 그런데 이때의 기술로는 구현하기 어려웠습니다. 차분기관은 '돈 먹는 하마'가 되었고, 끝내 완성하지 못한 채 흐지부지되었습니다.

　한편 배비지는 차분기관을 만들면서 더 범용적인 계산이 가능한 해석기관Analytical Engine이라는 새로운 아이디어를 얻었습니다. 일정한 규칙을 설정해 원하는 일을 반복해서 수행하

최초의 프로그래머, 에이다 러브레이스

는 프로그래밍 개념을 해석기관에 처음 도입했습니다. 해석
기관은 연산이 이루어지는 부분과 계산의 중간 결과를 보관
하는 부분이 나뉘어 있었고, 패턴에 따라 구멍을 뚫어 입력
도구로 쓸 수 있는 펀치카드도 있었습니다. 연산, 메모리, 프
로그램 등 현재 컴퓨터의 기본 구성 요소가 모두 등장한 것
입니다.

이 기계는 차분기관보다 더 크고 복잡해서 역시 실제로 만
들어지지는 못했습니다. 사람이 손잡이를 돌려 기어를 회전
시킬 수 없을 정도로 커서, 이 장치를 가동하기 위한 증기기

관까지 설계해야 했습니다.

1991년 런던 과학박물관Science Museum은 배비지 탄생 200주년을 기념해 차분기관을 구현하는 데 성공했습니다. 만들어진 기계는 문제없이 잘 작동했다고 합니다. 해석기관을 만드는 프로젝트도 진행 중입니다.

배비지의 동료 연구자였던 귀족 부인 에이다 러브레이스Ada Lovelace는 실체도 없는 해석기관의 작동 방식만 가지고 해석기관에 쓸 수 있는 프로그램을 만들어 냈습니다. 러브레이스는 세계 최초의 프로그래머인 것이지요.

현재 컴퓨터를 만든 사람들

20세기 초에는 현재 컴퓨터의 기본 구조와 작동 원리가 확립됩니다.

영국 수학자 앨런 튜링Alan Turing은 1936년 튜링 머신Turing Machine이라는 가상 기계에 대한 아이디어를 제시합니다. '생각하는 기계'를 가능하게 하는 방법을 찾다가 나온 것이지요. 이 기계는 여러 칸에 각기 다른 기호와 행동 지침이 새겨져 있는 긴 테이프와 이 테이프에 담긴 정보를 처리하는 헤드 등으로 구성되어 있습니다.

헤드는 기계 안으로 들어온 테이프의 기호를 읽어 들입니다. 이때 기호에 따라 기계가 어떻게 행동할지는 정해져 있습니다. 2번째 칸에 '1'이란 기호가 있으면 이를 '0'으로 고치고 7번째 칸으로 이동하기로 한다는 식으로 미리 약속을 입력해 두는 것이지요. 이런 논리적인 움직임을 통해 기계가 거의 모든 일을 할 수 있게 되리라는 것이 튜링의 생각이었습니다. 이 기계의 헤드는 CPU, 테이프는 저장장치, 정해진 약속은 소프트웨어에 해당합니다. 오늘날 컴퓨터의 기본 구조와 작동 원리가 거의 그대로 그의 생각에 담겨 있었음을 알 수 있습니다.

헝가리 출신의 과학자 존 폰 노이만John von Neumann 역시 현재 컴퓨터의 기본 구조를 제시했습니다. 연산장치와 저장장치(메모리)를 분리해 두고, 연산할 때 명령어와 데이터를 저장장치에서 '버스'라는 통로를 통해 불러오는 방식입니다. 지금의 컴퓨터는 주요한 프로그램과 데이터는 하드디스크나 솔리드스테이트드라이브SSD, solid-state drive 같은 저장장치에 두고 CPU에서 그것을 필요할 때마다 불러다 쓰는 방식이지요. 자주 쓰거나 현재 하는 작업에 필요한 데이터는 더 빨리 CPU에 공급할 수 있게 D램 반도체로 만들어진 램에 올려 두는 방식을 쓰고 있고요. 폰 노이만 구조에 바탕을 둔 것이지요.

　이런 과정을 거쳐 현재의 컴퓨터가 탄생했습니다.

인공지능은 언제부터
연구됐을까?

2차 대전을 거치면서 에니악ENIAC, 하버드 대학교 연구진이 만든 마크 IIMark II 같은 컴퓨터들이 나왔습니다. 마크 II는 110평이 넘는 공간을 차지하고 무게는 25톤이나 되었다고 합니다. 이렇게 초기 컴퓨터들은 방 하나, 집 하나를 차지할 만큼 컸고, 완전히 프로그램에 의해 작동하는 것은 아니었지만, 컴퓨터의 효용을 보여 줄 정도는 되었습니다. 튜링과 폰 노이만 등이 컴퓨터 구조와 작동 원리를 제시하고, 트랜지스터 반도체가 발명되면서 컴퓨터가 비약적으로 발전할 수 있는 여건이 마련되었습니다.

다트머스 회의

이런 분위기에서 컴퓨터를 사용해서 인간과 같은 지능을 인공적으로 구현할 수 있으리라 생각하는 사람들이 나오기 시작했습니다. 1956년 여름 미국 다트머스 대학교 존 매카시John McCarthy 교수와 매사추세츠 공과대학교MIT 마빈 민스키Marvin Minsky 교수 등 컴퓨터 분야에서 손가락을 꼽는 연구자들이 다트머스 대학교에 모였습니다. 이 자리에서 인간 지능을 대체할 수 있는 체계를 연구하는 '인공지능'이라는 학문 분야가 처음 등장합니다. 당시만 해도 여름 한철 머리를 맞대면 주요한 문제를 해결할 수 있으리라고 생각했다고 합니다. "20년 후면 인간이 할 수 있는 모든 일을 하는 컴퓨터가 나올 것"이라고 예측하는 이도 있었답니다. 약 70년이 흐른 지금 상황을 보면, 다트머스 회의는 실제로는 아주 먼 길의 첫걸음이었던 셈이지요.

이 시기가 인공지능 연구의 태동기이자 1차 황금기라고 할 수 있습니다. 추론이나 탐색 같은 인간 뇌가 하는 일들을 기계도 할 수 있게 수학적 모델을 만들려는 시도가 처음 이루어진 시기이지요. 이때에는 주로 컴퓨터에 체스나 오델로 같은 게임을 시켜 보는 등의 방법으로 특정 문제를 해결할

▶▶▶

1956년 다트머스 회의에서
존 매카시(오른쪽에서 두 번째)와 마빈 민스키(오른쪽에서 네 번째)

수 있는지 확인하는 연구가 많았습니다. 번역에도 관심이 많았습니다. 냉전 시기라 특히 러시아어를 영어로 번역하는 것에 관심이 컸지요.

기대와 달리 성과는 더디게 나타났습니다. 체스나 오델로 같은 게임은 규칙이 정해져 있고 움직임을 예측하기 쉽습니다. 이런 환경에서는 인공지능이 어느 정도 쓸 만했지만, 규칙이 적용되지 않는 다른 분야에서는 쓸 수 없었습니다. 번역도 잘되지 않았습니다. 자동 번역은 꾸준히 시도했지만, 실제로 쓸 만한 수준이 된 것은 2017년 구글이 '트랜스포머'라는 인공지능 모델을 발표한 후였습니다. 트랜스포머Transformer는 자연스러운 문장을 만들 수 있는 새로운 방식의 언어 모델입니다.

◀◀◀

지지부진한 성과에 미국 정부는 연구비 지원을 끊었고, 인공지능 연구는 침체기에 들어갑니다.

PC의 등장

1980년대 들어 개인용 컴퓨터PC, Personal Computer가 등장합니다. 디지털 기술이 본격적으로 일터와 삶에 파고들기 시작한 것이지요. 컴퓨터가 많이 보급될수록 데이터도 함께 쌓여갔습니다. 그로 인해 인공지능에 대한 관심이 다시 높아졌지요. 이때는 의료나 공장 등 특정한 전문 영역에서 쓸 수 있는 자동화 소프트웨어에 대해 활발히 연구했습니다. 이런 소프트웨어를 '전문가 시스템'이라고 합니다. 전문가 시스템은 많은 분야에서 업무 효율성을 높였습니다. IBM이 만든 딥 블루Deep Blue는 체스에 특화된 인공지능 컴퓨터였는데, 1997년 체스 세계 챔피언 가리 카스파로프Garry Kasparov에 승리를 거두기도 했습니다.

이 단계의 인공지능 컴퓨터들은 한계가 뚜렷했습니다. 사람은 매뉴얼에서 벗어나거나 과거에 없던 일이 일어나도 유연하게 대처할 수 있습니다. 소프트웨어는 정해진 규칙에서

체스를 두는 딥 블루(왼쪽)와 가리 카스파로프

벗어난 일을 할 수 없습니다. 그렇다고 해서 일어날 수 있는 모든 일을 대비해 행동 지침을 만들어 두거나 데이터를 쌓아 둔다는 것은 불가능합니다. 전문가 시스템 방식의 인공지능은 편리하고 효율성도 높았지만, 인공지능의 방법론으로는 한계가 있었습니다. 인공지능 연구는 다시 힘을 잃었습니다.

컴퓨터가 따라야 할 모든 행동 규칙을 사람이 일일이 지정해 미리 알려 줄 수 없다면, 컴퓨터가 스스로 데이터를 학습해 적절하게 행동할 수 있게 하면 되지 않을까? 이런 생각이 학계에서 제기됩니다. 이를 실제로 구현하기는 쉽지 않았습니다. 인공지능을 학습시킬 데이터도 충분하지 않고, 이런 복잡한 연산을 수행할 수 있는 강력한 컴퓨터를 만들려면 비용도 만만치 않았기 때문이지요. 심층신경망을 이용한 딥 러닝 기법을 개척한 제프리 힌튼Geoffrey Hinton 캐나다 토론토 대학교 교수는 지금은 인공지능의 아버지로 존경받지만, 연구 초창기에는 가망 없는 연구를 한다는 소리를 많이 들었답니다. (심층신경망과 딥 러닝에 대해선 이후에 자세히 설명한다.)

쉽지 않은 70년

2000년대 들어 인공지능 연구에 다시 불이 붙습니다. 페이스북, 트위터 같은 소셜 미디어social media가 등장해 큰 인기를 얻고, 스마트폰이 급속도로 보급되었기 때문이지요. 이제 사람들은 식당에서 밥을 먹으면서, 여행지에서 바다를 보면서, 교실에서 친구와 있으면서 쉴 새 없이 사진을 찍어 올리고, 소셜 미디어나 인터넷 커뮤니티에 무언가를 계속 써 올립니다. 그로 인해 인공지능 입장에서는 학습할 수 있는 데이터를 아주 많이, 쉽게 구할 수 있게 된 것이지요.

또 성능이 강력한 반도체를 비교적 싼값에 쓸 수 있게 되었습니다. 컴퓨터 게임이나 그래픽 작업에는 그래픽 처리 장

▶▶▶

치GPU, graphic processing unit라는 특수한 반도체가 쓰입니다. 이 반도체는 단순한 연산을 병렬 처리 방식으로 빠르게 반복합니다. 이런 특징은 인공지능이 학습하고 추론하는 기능을 익히는 데 안성맞춤이었습니다. GPU를 만드는 대표적인 회사가 엔비디아인데, 인공지능이 뜨면서 세계는 지금 이 회사를 주목하고 있습니다. (엔비디아에 대해서도 이후에 자세히 소개한다.)

이제 인공지능이 고양이를 다른 동물과 구분할 수 있게 되었습니다. 수천만, 수억 장의 고양이 사진이 있고, 이를 돌릴 반도체가 있으니, 인공지능에게 고양이 사진을 보여 주며 학습시킬 수 있기 때문이지요.

2016년 3월, 세계 최고의 바둑 기사 이세돌 9단과 구글의 인공지능 부문 자회사 딥마인드DeepMind가 개발한 인공지능 알파고AlphaGo가 대국을 펼쳤습니다. 바둑은 돌을 놓을 수 있는 경우의 수가 우주의 원자 개수만큼 많다고 할 정도로 변화무쌍한 게임이죠. 인공지능이 인간을 이길 수 없으리라는 예측이 지배적이었습니다. 그런데 4승 1패로 알파고가 이겨 큰 충격을 주었습니다. 알파고는 16만 개의 기보를 학습하고, 다른 알파고와 끊임없이 대국을 하며 바둑을 학습한 결과, 여느 사람이 생각할 수 없는 수까지 익혔던 것입니다. 이후 딥마인드의 '알파' 시리즈 인공지능은 스타크래프트에서 프로 게이머를 이기고, 단백질의 3차원 구조를 예측하는 등 놀라운 성과를 보였습니다.

구글 번역이나 네이버 파파고에서 보듯 인공지능의 번역 실력 역시 놀라울 정도로 발전했습니다. 과거보다 훨씬 더 번역이 자연스러워졌습니다. 애플 시리Siri, 삼성 빅스비Bixby 등 사람 말을 알아듣고 대화하는 인공지능 비서도 등장했지요.

지금까지 인공지능 연구 역사를 짧게 돌아보았습니다. 다트머스 회의 이후 약 70년간 쉽지 않은 길을 걸어왔지요. 오죽하면 '세 번의 겨울을 보냈다'고 할 정도겠습니까.

챗GPT가 뭐지?

인공지능이 충분히 발전했다고 생각하고 있을 때, 오픈AI가 챗GPT를 선보였습니다. 챗GPT의 놀라운 성능에 모두 깜짝 놀랐습니다. 어색하지 않고 자연스러운 문장, 매끄럽게 흘러가는 대화, 맥락에 맞는 내용의 정보 등 마치 사람과 마주 앉아 대화하는 듯한 느낌이었죠. 자연스럽게 언어를 구사하는 능력은 사람 고유의 것이라는 생각이 산산이 부서졌습니다.

생성형 AI의 탄생

챗GPT나 이후 구글에서 나온 제미니Gemini 같은 인공지능은 사람처럼 자연스럽게 언어를 처리하는 데 초점을 맞춘 초거대 언어모델LLM, Large Language Model입니다. 초거대 언어모델은 인터넷과 책, 문서 등에 있는 엄청나게 많은 텍스트 데이터를 학습하고, 이를 바탕으로 그럴듯한 단어와 문장을 만들어 낼 수 있는 인공지능입니다. 한번 더 정리하면, 생성형 AI 기반이 초거대 언어모델인 것입니다. 생성형 AI는 인공지능의 한 분야이고요.

한편 여기서 '모델'은 '함수'로 바꿔 쓸 수도 있습니다. 어떤 단어가 입력되었을 때 그 뒤에 나올 말로 무엇이 제일 좋을지 계산하는 함수입니다. 우리가 교과서에서 배우는 2차, 3차 함수와는 비교할 수 없는 아주 복잡한 함수이지요.

챗GPT는 GPT-3.5라는 언어모델을 기반으로 한 대화형 챗봇 서비스인데요, GPT-3.5는 인터넷에서 모은 4,990억 개의 텍스트를 학습했고, 학습에 활용된 매개변수는 1,750억 개였습니다. 매개변수는 인공지능 모델이 적절한 답을 찾기 위해 고려하는 변수를 말합니다. 엄청나죠? 이후 나온 GPT-4의 경우 학습에 쓰인 텍스트나 매개변수 규모를 공개하지는 않았지만, 1조 개 이상의 매개변수가 쓰였다는 추측도 나옵니다.

그러니까 챗GPT나 제미니 혹은 네이버 하이퍼클로바 X HyperCLOVA X 같은 인공지능은 문장을 만들어 냅니다. 더 정확하게는 어떤 단어 다음에 나올 가장 적절한 단어가 무엇일지 확률적으로 예측해 계속 뱉어 내는 '예측 기계'입니다. "올여름 파리…"라는 말이 있다고 칩시다. 이 다음에 나올 적절한 문구는 무엇일까요? '퇴치 필수 아이템은?'일 수도 있고, '여행을 위해 돈을 모으고 있어'일 수도 있을 것입니다. 앞의 파리는 곤충 파리fly이고, 뒤의 파리는 프랑스 수도 파리Paris입니다. 앞서 위생이나 여름에 불편한 점에 대해 이야기하고 있었다면 곤충 파리, 휴가 계획이나 여행에 대해 대화하고 있었다면 프랑스 파리가 나오는 것이 적절하겠지요.

사람은 이런 문맥을 쉽게 이해할 수 있지만 컴퓨터에게는 매우 어려운 일이지요. 초거대 언어모델은 제시된 것과 가까운 단어들을 예측해 자연스러운 문장을 내놓을 수 있다는 것이 놀라운 점입니다. 방대한 데이터와 매개변수로 학습을 시켰더니 이런 결과가 나왔습니다.

사람처럼 자연스러운 문장을 계속 만들어 낼 수 있는 생성형 AI가 탄생한 것이지요. 문장과 이미지, 영상 등을 연계해 학습함으로써 이미지와 영상도 그럴듯하게 생성할 수 있게 되었습니다. 논리와 창의력, 소통 같은 인간의 중요한 능력은 주로 언어를 통해 드러납니다. 그래서 언어를 능란하게 다루는 생성형 AI는 마치 인간이 할 수 있는 일을 대부분 할 수 있는 것처럼 보입니다. 기존의 인공지능과는 다른 점이지요. 알파고는 세상에서 바둑을 가장 잘 두는 이세돌 9단을 이길 정도로 바둑을 잘합니다. 바둑 이외의 것은 잘하지 못하고요. 바둑을 둘 때 가장 승리 확률을 높일 다음 수를 예측할 뿐, 그 외의 것은 예측하지 못합니다. 딥마인드가 개발한 알파폴드AlphaFold는 수많은 단백질의 복잡한 3차원 구조는 정확하게 예측하지만, 네모반듯한 우리집 구조는 잘 예측하지 못할 것입니다.

지금까지 인공지능이 많이 쓰였지만, 이처럼 이들은 대부분 특정한 용도를 위해 개발된 것들이었습니다. 의사가 수많은 MRI 사진을 보며 병이 있는지 판독하도록 도와주거나, 페이스북 피드에 쏟아지는 게시물에서 음란물이나 혐오 표현을 걸러 내는 등의 일을 합니다.

생성형 AI가 기존 인공지능에 비해 특별한 점

반면 생성형 AI는 사용자와 대화하며 사용자가 요구하는 여러 가지 일을 할 수 있습니다. 사용자의 요청은 '9살 아들의 생일파티를 위해 준비할 일 목록'일 수도 있고, '17세기 조선의 토지 제도에 대한 보고서 목차를 작성해 달라'는 것일 수도 있습니다. 새로 출시한 제품의 마케팅을 위한 홍보 문구를 써 달라는 것일 수도 있고, 책상에 올라와서 컴퓨터로 일하는 보호자를 방해하는 고양이의 이미지를 그려 달라는 것일 수도 있습니다. 컴퓨터 프로그램 코드를 짜 달라는 것일 수도 있습니다. 기존의 다른 인공지능 기술들과는 달리 챗GPT 같은 생성형 AI는 한 가지 기능에 얽매이지 않고 여러 일을 해낼 수 있습니다. 카피라이터, 디자이너나 일러스트레이터, 변호사, 프로그래머들의 일자리를 위협하리라는 예측이 나올 정도로요.

생성형 AI가 여러 일을 할 수 있는 이유는 앞서 말했듯이 초거대 언어모델을 바탕에 두고 있기 때문입니다. 단어 사이의 관계를 파악해서 다음에 나올 단어를 예측하는데, 이 정확도가 보통 사람과 거의 구분이 되지 않을 수준입니다. 그러니 사람이 언어를 매개로 할 수 있는 일은 인공지능도 거의 대부분 할 수 있는 것이지요. (물론 언제나 맥락에 맞고 정확한 결과물을 내놓을 수 있는 것은 아니다. 이 문제는 뒤에서 다시 다룬다.) 텍스트 외에 그림이나 소리 같은 다른 감각 정보를 받아들여 일을 처리하는 멀티모달Multimodal 인공지능 연구도 활발해지고 있어 조만간 인공지능이 더욱 많은 일을 할 수 있게 될 것입니다.

더 알기

오픈AI 창업자, 샘 알트먼

챗GPT가 생성형 AI라는 열풍을 불러일으켰지요. 이 챗GPT를 개발한 회사가 오픈AI입니다. 오픈AI를 이끄는 사람은 샘 알트먼Sam Altman이고요. 인공지능은 우리 삶을 빠르게 바꾸어 갈 것이고, 오픈AI는 이런 인공지능 기술 발전의 최전선에 있습니다. 그렇다 보니 알트먼은 현재 세계에서 가장 큰 주목을 받고 있습니다. 그가 어떻게 살아왔는지 살펴보면, 인공지능 분야의 전문가를 넘어 기술로 세상을 변화시키려고 노력을 거듭한 혁신가임을 알게 됩니다.

알트먼은 1985년 미국 시카고에서 태어났습니다. 스탠퍼드 대학교에 입학해 컴퓨터공학을 전공했습니다. 대학을 졸업하지는 않았습니다. 2학년 때인 2005년에 친구들과 룹트Loopt라는 회사를 차립니다. 위치를 공유하며 교류하는 소셜 미디어 앱을 만드는 회사였지요. 룹트는 Y 컴비네이터(Y Combinator, 미국 최대 규모의 스타트업 액셀러레이터 기업) 등으로부터

샘 알트먼

3,000만 달러의 투자를 받았고, 2012년 미국의 한 금융사에 4,340만 달러에 인수되었습니다.

알트먼은 창업 초기 도움을 받았던 Y 컴비네이터에 합류하고, 2014년에는 이 회사의 CEO가 됩니다. Y 컴비네이터가 초기 투자한 유명 기업으로 숙박 공유 서비스를 제공하는 에어비앤비Airbnb, 클라우드 서비스를 제공하는 드롭박스

Dropbox, 간편결제 핀테크 기업인 스트라이프Stripe 등이 있습니다. 이처럼 알트먼은 훗날 크게 성장할 회사들을 알아보는 안목이 높아 투자업계에서 인정을 받게 됩니다.

미래를 내다보는 뛰어난 안목

그러다 2015년에 실리콘밸리의 유명 기업가, 과학자들과 함께 오픈AI를 설립합니다. 인공일반지능을 세계에서 가장 먼저 만드는 것이 회사 목표였습니다. 일론 머스크와 페이팔 창업자 피터 틸Peter Thiel 등 유명 기업인과 MS·아마존 등 빅 테크 기업들, 제프리 힌튼 교수와 함께 딥 러닝 연구를 도약시킨 인공지능 연구자 일리야 수츠케버Ilya Sutskever 등이 이 회사에 투자를 했습니다. 알트먼은 2019년 Y 컴비네이터를 떠나 오픈AI CEO를 맡게 됩니다.

오픈AI는 트랜스포머 모델에 기반을 둔 초거대 언어모델 GPT를 개발해 꾸준히 업데이트했습니다. 2020년 나온 GPT

의 세 번째 버전 GPT-3는 사람 못지않게 자연스러운 텍스트 생성 능력을 보여 주었습니다. 이를 조금 더 개선해 일반 사용자들이 쓰기 편한 챗봇 형태로 만들어 공개한 것이 바로 2022년 말 나온 챗GPT이지요. 2024년에는 GPT-4도 나왔습니다. 이렇게 챗GPT는 어느 날 불쑥 개발된 것이 아니라 2015년부터 꾸준히 연구해 온 결과물입니다. 챗GPT 덕분에 현재 오픈AI는 세계에서 가장 주목받는 기업이 되었습니다.

인공지능의 발전 걱정하기도

알트먼은 인공지능의 급격한 발전에 대해 어떻게 생각할까요? 자부심과 두려움을 모두 느낄 듯합니다. 그는 챗GPT 출시 초기에 걱정을 내비치기도 했습니다. X(이전의 트위터)에 이렇게 밝혔습니다.

우리가 지금 사용하는 인공지능 기술은 획기적이지만, 한 단계 더 발전한 미래의 인공지능 기술은 어떤 모습일지 두렵다.

사회가 인공지능의 장점에만 주목하고, 미래 인공지능 기술을 어떻게 받아들여야 할지에 대해서는 잘 모르기 때문일 것입니다. 알트먼은 "인간은 인공지능과 지혜롭게 공존하는 법을 알아야 한다"면서 인공지능 기술을 규제할 필요가 있다고 했습니다. "챗GPT 출시로 우리가 정말 나쁜 일을 저질렀다는 생각에 잠을 못 이루고 있다"고 털어놓으면서 말이지요.

하지만 이후 알트먼은 인공지능 기술의 가능성을 살리면서 인공지능 기술을 긍정적으로 활용하는 데 초점을 맞추고 있는 듯합니다. 인공지능이 일자리를 뺏는 것이 아니라, 사람들이 다양한 아이디어를 내고 제대로 결정을 내릴 수 있게 도와 생산성을 높일 것이라는 주장도 했습니다. 알트먼이 어떤 행보를 보일지 계속 지켜봐야겠습니다.

생성형 AI는
어떻게 나왔을까?

앞서 말했듯이 인공지능 연구 기간은 다트머스 회의를 기점으로 삼으면 70년 가까이 되었습니다. 그리고 최근에 초거대 언어모델에 기반한 생성형 AI는 나왔습니다. 무엇이 동력이었을까요?

심층신경망의 개발

초거대 언어모델의 기본 원리는 심층신경망DNN, Deep Neural Network입니다. 심층신경망을 학습시키는 것을 딥 러닝deep

▶▶▶

learning이라고 하죠. 딥 러닝은 기계 학습의 일종입니다. 데이터를 많이 학습시켜 원하는 기능을 하는 모델을 만들어 나중에 기존에 배우지 않은 데이터를 접하더라도 제대로 기능할 수 있게 만드는 것입니다. 고양이와 개의 사진 수백만 장을 보여 주며 심층신경망을 학습시킨 후, 나중에 이 학습 데이터에 없던 다른 고양이나 개의 사진을 보여 주었을 때 고양이인지 개인지 상당히 정확하게 구분할 수 있다면, 이는 개-고양이 구분 인공지능 모델이라고 할 수 있습니다.

모델은 다른 말로 함수라고 할 수 있습니다. 어떤 입력값이 함수에 주어지면, 그 함수의 규칙에 따라 출력값이 나옵니다. 교과서에 나오는 함수는 $f(x)=2x+a$ 또는 $f(x)=3\times2+4x+b$ 같은 모습을 하고 있습니다. 변수 x에 어떤 수를 넣으면 함수에 따라 값이 계산되어 나오지요. 입력한 값이 상자 속에서 어떤 과정을 거친 후 다른 값이 되어 출력되게 하는 것이 함수입니다. 고양이나 개의 사진을 입력값으로 주었을 때, 이것이 개인지 고양이인지 구분하여 출력값을 내놓는 것도 함수라 할 수 있습니다.

맨 앞의 입력층과 결과물이 나오는 맨 마지막 출력층 사이에 여러 층이 있어 이 층들을 거치며 학습과 추론이 이루어집니다. 층이 겹겹이 쌓여 있는 모습이 연구자들에게는 '깊다

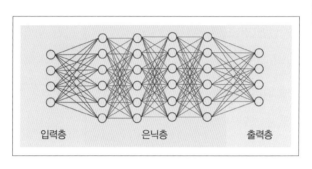

입력층   은닉층   출력층

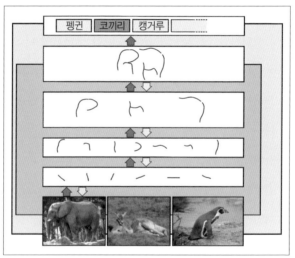

펭귄   코끼리   캥거루

심층신경망 구조(위)와 딥 러닝의 예

deep'는 느낌을 주었나 봅니다. '딥 러닝', '심층신경망'이란 말이 나온 걸 보면 말이지요.

심층신경망은 가중치(각 입력 신호가 결과 출력에 미치는 중요도를 조절하는 매개변수)를 조정하거나 결과가 만족스럽지 않을 경우 조정된 값을 앞 단으로 역전파하기 쉽다는 등 여러 장점이 있습니다.

그런데 고양이와 개를 구분하기 위해 컴퓨터에게 얼마나 많은 조건과 특징을 학습시켜야 할까요? 네 발로 걷는 털이 많고 눈이 사랑스러운 동물 중 무엇이 개이고, 무엇이 고양이인지 정확히 구분하기 위한 조건을 모두 다 찾아내 소프트웨어에게 알려 줄 수 있을까요?

서너 살 아이도 개와 고양이를 몇 마리 본 후에는 쉽게 둘을 구분할 수 있습니다. 컴퓨터에게는 개와 고양이의 차이를 가르치는 것이 매우 어렵습니다. 심층신경망을 학습시킬 수 있을 정도로 데이터를 많이 모으기도 어렵고, 한없이 깊고 복잡해진 각 층들 사이의 관계를 연산하기에는 컴퓨터 비용이 너무 많이 들기 때문이지요.

고성능 GPU

앞에서 이야기했듯, 스마트폰과 소셜 미디어의 발달로 사진과 텍스트 등 활용 가능한 데이터가 인터넷 공간에 폭발적으로 쏟아져 나오고, GPU를 활용하여 빠르게 복잡한 연산을 처리할 수 있게 되면서 데이터와 컴퓨터 성능의 문제가 해결되었습니다. CPU가 상대적으로 복잡한 문제를 푸는 반도체라면, GPU는 여러 개를 병렬로 연결해 단순한 문제를 빠르게 많이 풀 수 있는 반도체라는 차이가 있습니다. 심층신경망은 수많은 층이 복잡한 관계를 형성하지만, 이 층들 사이에 필요한 연산은 단순합니다. 그러니 GPU가 안성맞춤인 것이지요.

벡터 임베딩

또 단어 사이의 관계를 숫자로 나타내는 방법이 나온 것도 우리가 일상에서 쓰는 말, 즉 자연어를 처리하는 인공지능의 발전에 중요한 발판이 되었습니다. 컴퓨터는 말을 못 알아듣습니다. 단어와 단어, 문구와 문구 사이의 관계를 숫

▶▶▶

자로 바꿔 좌표 공간에 나타낼 수 있으면 컴퓨터가 훨씬 이해하기 쉬워집니다.

신문과 사과를 '크기'와 '둥근 정도'라는 2가지 척도로 표현해 봅시다. 각 척도는 0에서 100까지 숫자로 나타냅니다. 그렇다면 신문은 (10, 0), 사과는 (3, 98) 정도로 표현할 수 있습니다. 이를 통해 두 단어의 위치를 2차원 공간에 좌표로 나타낼 수 있습니다. 두 단어 사이의 거리를 측정할 수 있다는 의미입니다. 물론 실제 언어에서 각 단어는 매우 많은 특징과 연결되어 있지요. 그래서 2차원 좌표가 아니라 수백수천 차원의 좌표값이 나올 것입니다. 이처럼 단어와 문장, 기타 데이터를 의미와 관계를 포착하는 숫자로 변환하는 방법을 벡터 임베딩vector embedding이라고 합니다.

이제 이들 좌표값을 살펴서 서로 가까이 있는 단어들은 의미가 비슷한 것으로, 멀리 떨어진 단어들은 연관이 약한 것으로 판단할 수 있습니다. 개와 고양이는 반려동물이라는 점에서 의미가 서로 가깝습니다. 그리고 '집'이란 단어와는 의미의 거리가 상대적으로 가깝고, '굴착기'와는 거리가 멀 것입니다. 컴퓨터는 사람과 달리 말의 맥락을 이해하기 어려운데, 이 같은 방법을 쓰면 단어들 간의 관계와 맥락을 컴퓨터가 이해하기 쉬운 숫자로 나타낼 수 있습니다. 또 이를 통해 언어모델에서 어떤 단어 주변에 어떤 단어가 있을 확률을 추정할 수 있고, 다음에 나올 단어가 상황에 적합한 단어일 확률을 계산하기도 쉬워집니다. 이제 우리는 추상적인 언어를 숫자로 표현할 수 있게 되었습니다.

트랜스포머의 개발

초거대 언어모델의 등장에 기여한 또 다른 것이 트랜스포머 모델입니다. 2017년 구글 연구진이 개발해 공개했습니다. 트랜스포머는 문장 속 단어와 같이 순차적으로 나타나는 데이터 사이 관계를 추적해 맥락과 의미를 학습하는 신경망입니다. 맥락 속에서 '주목'해야 할 부분을 찾고, 이를 중심으로 정확한 결과를 내놓을 수 있습니다. 그래서 이 모델을 처음 공개한 구글 연구진의 논문 제목도 〈당신에게 필요한 것은 주목뿐이다Attention is all you need〉입니다. 트랜스포머 모델이 등장한 후 자동 번역 성능이 놀라울 정도로 향상되었습니다. 챗GPT 역시 트랜스포머에 기반을 두고 있습니다.

트랜스포머는 활용 가능성도 큽니다. 텍스트 데이터 사이 관계를 파악하듯 이미지 데이터의 맥락을 학습하면 이미지

를 생성할 수 있습니다. 분자 사이의 관계를 학습하면 단백
질 구조도 예측할 수 있습니다. 트랜스포머는 이후 나온 주
요 생성형 AI 모델의 기반이 되었습니다.

더 알기

뇌를 모방한 심층신경망

인공지능은 사람의 뇌를 모방한 심층신경망을 구현하면서 크게 발전했습니다.

심층신경망을 이해하려면 먼저 사람의 뇌가 어떻게 작동하는지 알아야겠죠. 우리 뇌에는 약 800억~1000억 개의 신경세포뉴런neuron와 100조 개의 시냅스가 있습니다. 뉴런은 다른 뉴런에서 전기, 화학적 자극을 전달받고, 이를 다시 연결된 다른 뉴런으로 전달합니다. 뉴런에는 가지처럼 생긴 돌기들이 있는데, 이 돌기들은 앞의 뉴런에서 받은 신호를 다음 뉴런으로 전달해 줍니다. 특히 뉴런과 뉴런을 연결하는 부위를 시냅스라고 합니다. 시냅스는 뉴런들을 이어 주어 신호를 주고받게 하지요. 이런 과정을 거치며 뉴런과 시냅스는 거대한 네트워크를 형성합니다.

심층신경망은 구조가 매우 복잡하지만, 간단히 말하면 데이터가 들어가는 입력층과 최종 결과물을 내놓는 출력층, 그

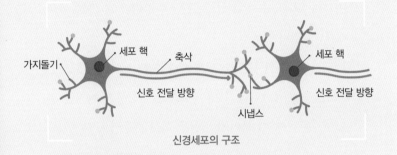

가지돌기　　　세포 핵　　축삭　　　　　　　　세포 핵

신호 전달 방향　　　　　　　　　　신호 전달 방향

시냅스

신경세포의 구조

리고 둘 사이에 있는 은닉층으로 구성되어 있습니다. 은닉층은 수많은 다른 층으로 이루어져 있는데, 여기서는 원하는 결과물을 내놓기 위한 처리가 진행되지요. 이처럼 여러 층이 쌓여 있는 모습에서 심층신경망이라는 말이 나왔습니다. 입력층에 고양이 사진이 들어가면, 은닉층을 거쳐 출력층에서 고양이인지 개인지 분류한 결과가 나오는 식입니다. 여기서 입력층과 출력층은 뉴런에, 그 사이 은닉층은 시냅스에 비유할 수 있겠습니다.

　은닉층 각각에서는 인공지능 모델이 규정한 연산이 이루어지는데, 연산을 거쳐 최적의 결과가 나오도록 은닉층 각각에 주어진 가중치가 매개변수parameter입니다. 'GPT-4는 1조

개 이상의 매개변수가 쓰인 것으로 추정된다'고 말할 때의 그 매개변수입니다.

인공지능 모델의 크기는 모델이 학습한 데이터와 매개변수의 크기로 측정합니다. 모델이 클수록 성능도 좋아지는 경향이 있기 때문에 이 분야에 뛰어든 회사들이 서로 더 큰 모델을 만들려고 치열하게 경쟁하고 있지요. 모델이 클수록 성능 좋은 컴퓨터가 더 많이 필요하고 전력 소모도 커지기 때문에 가능한 한 크기는 줄이되 성능은 비슷한 모델을 만드는 일이 해결해야 할 중요한 과제입니다. 이 문제가 해결되면, 스마트폰이나 PC 같은 단말기에서도 인공지능을 직접 가동해 쓸 수 있게 되겠지요.

심층신경망은 뇌의 작동 방식과 완전히 같지는 않습니다. 심층신경망보다 더 뇌에 가깝게 모방한 것이 뉴로모픽 컴퓨팅이고요(뉴로모픽 컴퓨팅에 대해선 뒤에서 다룬다). 뇌에 가까워지려는 노력은 앞으로도 계속될 것입니다.

왜 인공지능은 가끔
엉뚱한 말을 할까?

한편 인공지능이 하는 말을 다 믿을 수 있을까요? 그럴 수
없다는 걸 이미 뉴스 등을 통해 알고 있을 것입니다. 환각
hallucination이란 현상이 있습니다. 환각은 생성형 AI가 사실에
어긋나거나 말이 안 되는 말을 마치 진짜인 것처럼 생성하는
현상을 말합니다. hallucination은 환각, 환영, 환청이란 뜻입
니다. 실제처럼 보이지만 사실은 실제가 아닌 어떤 것을 말
하지요.

　예를 들어 볼게요. 구글의 생성형 AI 서비스인 제미니에
다음처럼 물어보았습니다.

신라면은 있는데 왜 백제면, 고구려면은 없는지 이유를 알려주세요.

제미니는 이렇게 답하더군요.

신라가 한국의 문화와 정치에 큰 영향을 끼친 반면 백제와 고구려는 신라보다 덜 알려져 있고, 쌀을 주식으로 한 백제와 고구려와 달리 신라에서는 밀가루로 만든 면 요리가 발달했기 때문입니다.

1980년대에 '백제면'이 출시된 적이 있지만, 시장에서 성공하지 못했다는 내용도 있었습니다. 챗GPT에 물어봐도 비슷했습니다. 말은 안 되지만 그럴듯한 대답이 나오더군요.

　인공지능 대답을 보면 문장이 전혀 어색하지 않고 내용도 매우 그럴듯합니다. 깔끔한 보고서를 써 놓은 듯합니다. 다만 내용이 전혀 사실과 맞지 않을 뿐이죠. 신라면은 '매운 라면'이라는 뜻이지, 삼국 시대 신라와는 상관이 없다는 걸 모두 아실 것입니다. 백제면이라는 라면도 나온 적이 없고요.

　이런 현상은 초거대 언어모델이 기본적으로 '다음에 나올 적절한 단어를 확률적으로 예측'하는 역할을 하는 것이지,

정확한 정보를 찾아 제공하기 위한 것이 아니라서 나타납니다. 초거대 언어모델은 블랙박스 안에서 무슨 이유인가로 어떤 단어나 문장을 생성하는 것이 더 적합한 결과일 확률이 높다고 계산되면 그를 따르는 것뿐입니다. 여기서 내용이 사실인지 아닌지, 말이 되는지 안 되는지 등은 부차적인 문제입니다.

환각 현상이 일어나는 이유

초거대 언어모델이 많은 데이터를 충분히 학습한 경우에는 현실과 부합하는 대답을 하지만, 그렇지 않은 경우에는 엉뚱한 소리를 종종 합니다. 주어진 정보 안에서 최대한 그럴듯하게 문장을 생성할 뿐입니다. "세종대왕 맥북 던짐 사건에 대해 알려 줘" 같은 얼토당토않은 질문을 하면 "세종대왕이 신하들에게 맥북 컴퓨터를 던진 사건"이라는 답이 나옵니다. 물론, "신라면은 있는데 백제면, 고구려면은 없는 이유" 같은 것은 실제로는 할 일이 거의 없는, 억지로 만들어 낸 질문입니다. 관련된 실제 데이터가 없어서 인공지능이 제대로 대답하기 어렵습니다.

◀◀◀

언제나 두 사례처럼 인공지능 답변이 명백하게 사실이 아님을 금방 알아챌 수 있는 것은 아닙니다. 사실인지 아닌지 구분하기 어려운 답변도 많습니다. 카카오톡의 인공지능 챗봇 채널에 "한세희 기자가 누구야?"라고 질문하니까, "한세희 기자는 대한민국의 여성 기자로, 현재는 JTBC에서 근무하고 있습니다. 그녀는 다양한 분야의 보도를 담당하였으며, 특히 사회적으로 논란이 되는 이슈들을 다루어 많은 사람의 관심을 받았습니다. 그녀는 JTBC에서는 '뉴스룸'과 'JTBC 뉴스' 등 다양한 프로그램에 출연하며, 높은 전문성과 해설력으로 시청자들에게 많은 사랑을 받고 있습니다"라는 답변이 나오더군요. 아마 저에 대해 잘 모르신다면(당연히 잘 모르시겠지만요.^^;) 이 답변이 사실이라고 생각할 가능성이 큽니다. 하지만 저는 남자이고, 방송기자가 아니라 신문기자였고, JTBC에는 근무한 적이 없습니다. JTBC에 한세희라는 기자가 있는 것도 아닙니다.

이처럼 생성형 AI는 사실인지 아닌지 판단하기 애매한 것도 자신 있게 제시합니다. 사용자는 자신도 모르게 이를 사실로 받아들일 가능성이 큽니다. 더구나 언어모델은 매우 그럴듯한 문장을 만들어 내기 때문에 이런 경향은 더 커집니다. 생성형 AI는 말이나 그림을 만들어 내는 일을 하는 것이지,

정확한 자료를 찾아 정보를 제공하는 역할을 하는 것이 아니란 점을 다시 강조하고 싶습니다.

이런 이유로 생성형 AI를 활용할 때에는 주의가 필요합니다. 최근 캐나다에서 인상적인 사건이 있었습니다. 한 승객이 할머니 장례식에 가려고 캐나다 항공사인 에어캐나다 웹페이지에서 항공권을 예매했습니다. 이때 항공사 웹페이지의 고객상담 인공지능 챗봇이 일단 항공권을 구매하면 나중에 장례 할인을 적용받아 차액을 돌려받을 수 있다고 안내했습니다. 이것은 사실이 아니었고, 항공사는 챗봇의 안내가 웹페이지에 안내된 정보와 다르다며 할인을 거절했습니다. 결국 양측은 법적 분쟁을 벌였고, 법원은 "챗봇의 안내는 웹사이트에 게시된 정보와 같은 효력을 갖는다"며 승객의 손을 들어주었습니다.

또 다른 예로 미국의 언론사들이 생성형 AI를 활용해서 정보성 기사를 많이 작성했는데, 후에 검토해 보니 틀린 내용이 상당히 많았다는 사실도 밝혀진 적이 있습니다. 이런 인공지능의 환각 현상 탓에 잘못된 정보나 편향된 시각, 혐오감 등이 퍼질 우려도 있습니다.

이런 환각 현상은 언어모델이 학습한 데이터 자체에 잘못된 정보나 편견이 숨겨져 있거나, 어떤 분야에 대한 데이터가 부족해 일어날 수 있습니다. 혹은 언어모델 내부에 문제가 있었을 수 있고요.

해결 방법은?

인공지능 개발 회사들은 환각 문제를 해결하기 위해 더 다양한 학습 데이터를 모으고, 이 데이터들을 정제하고 관리하는 일에도 신경을 쓰고 있습니다. 또 생성형 AI에 특정 분야의 지식 데이터베이스를 덧붙여 질의가 들어왔을 때 검색을 통해 더 정확한 정보를 제공하는 방법을 쓰고 있습니다. 이런 방법을 검색 증강 생성RAG, Retrieval-Augmented Generation이라고 합니다.

거듭 말하지만, 생성형 AI는 기본적으로 '다음 말을 계속 이어 가는 기계'라는 점을 염두에 두고 결과물을 활용해야 합니다. 적절한 정보가 없는 경우에는 그냥 없는 말도 만들어 내기 때문이지요. 그러므로 인공지능 답변이라고 철석같이 믿을 것이 아니라 항상 비판적인 시각을 가질 필요가 있습니다.

▶▶▶

더 알기

최초의 챗봇, 엘리자

챗봇chatbot은 사람과 대화하는 소프트웨어인데요, 언제 처음 나왔을까요?

1966년 미국 MIT 컴퓨터과학과 조셉 웨이젠바움Joseph Weizenbaum 교수는 컴퓨터와 채팅할 수 있는 엘리자ELIZA라는 소프트웨어를 만들었습니다. 이 엘리자가 세계 최초의 챗봇입니다. 챗GPT 같은 생성형 AI 서비스의 가장 먼 조상인 셈이지요.

웨이젠바움은 사람과 기계가 소통할 수 있는지를 탐색하기 위해 엘리자를 개발했습니다. 몇 가지 대본을 사전에 입력해 놓았습니다. 사람이 텍스트를 입력하면, 사전에 입력된 대본을 토대로, 사람이 입력한 텍스트에서 주요 키워드와 패턴을 인식해 대답하는 방식이었지요. 상대방이 한 말을 살짝 바꿔 질문을 하면서 대화를 이어 나가는 단순한 알고리즘을 갖고 있었습니다. 실제로는 의미 있는 대화를 한다고 볼 수

の画像内テキスト:

```
Welcome to
              EEEEEE  LL    IIII  ZZZZZZ  AAAAA
              EE      LL     II       ZZ  AA  AA
              EEEEE   LL     II      ZZZ  AAAAAAA
              EE      LL     II     ZZ    AA  AA
              EEEEEE  LLLLLL IIII ZZZZZZ  AA  AA

Eliza is a mock Rogerian psychotherapist.
The original program was described by Joseph Weizenbaum in 1966.
This implementation by Norbert Landsteiner 2005.

ELIZA: Is something troubling you ?
YOU:   Men are all alike.
ELIZA: What is the connection, do you suppose ?
YOU:   They're always bugging us about something or other.
ELIZA: Can you think of a specific example ?
YOU:   Well, my boyfriend made me come here.
ELIZA: Is it important to you that your boyfriend made you come here ?
YOU:   He says I'm depressed much of the time.
ELIZA: I am sorry to hear that you are depressed.
YOU:   It's true. I am unhappy.
ELIZA: Can you explain what made you unhappy ?
YOU:
```

조셉 웨이젠바움(왼쪽)과 엘리자 화면

없지만, 마치 대화를 하는 듯한 착각은 주었지요.

특히 엘리자가 심리상담사 역할을 맡아 진행하는 대본이
인기를 끌었습니다. 상담자가 "내 남자친구가 나를 여기 오
게 했어요"라고 입력하면 "당신 남자친구가 당신을 여기 오

게 했군요"라고 응답하는 식으로 대화를 이어 갔습니다. 상담자가 "나는 ○○○이 필요해요"라고 입력하면, "왜 그것이 필요한가요?" 혹은 "그것이 있으면 정말 도움이 될까요?"라는 식으로 반응합니다.

그런데 생각지 못한 일이 벌어졌습니다. 엘리자에게 사람들이 애착을 느끼기 시작한 것입니다. 엘리자가 공감을 한다고 느끼고, 심지어 엘리자를 진짜 상담사로 여기는 사람들도 생겼습니다. 웨이젠바움 교수의 비서도 엘리자가 소프트웨어라는 사실을 알면서도 엘리자에게 빠져들었다고 합니다.

웨이젠바움 교수는 이런 반응을 보면서 인공지능이 인간에게 부정적인 영향을 미칠 수 있다고 우려합니다. 이렇게 초보적인 수준의 알고리즘에도 사람들이 쉽게 속거나 의지하는데 진짜 성능이 좋은 인공지능이 나오면 어떻게 되겠느냐는 것이지요. 그는 인공지능에게 윤리적인 결정을 맡기면 안된다고 주장하는 등 평생을 인공지능을 윤리적으로 활용해야 한다고 알리는 데 바쳤습니다.

내비게이션도
인공지능이라고?

챗GPT 등이 주목을 받고 있지만, 사실 인공지능은 이미 우리 곁에서 널리 쓰이고 있었습니다. 다만 눈에 잘 띄지 않았을 뿐이지요. 쉬운 예로 스마트폰 카메라를 들 수 있습니다. 카메라 필터 앱을 쓰면 얼굴 윤곽이나 눈, 코, 입의 위치 등을 자동으로 인식합니다. 이를 바탕으로 사용자 요청에 따라 눈을 크게 하거나, 코를 세우거나, 피부색을 뽀얗게 바꿉니다. 그림체나 화풍 등을 학습해서 여러분의 사진을 애니메이션이나 인상파 작품풍으로 바꿔 주기도 합니다. 또 스마트폰 사진 갤러리를 보면 사진 속의 인물, 사진이 찍힌 장소나 시간, 여행이나 모임과 같은 사진 속 행동 등에 따라 사진들

▶▶▶

이 비슷한 것끼리 자동으로 분류되어 있는 것을 볼 수 있습니다. 이 역시 인공지능이 사진 속 이미지를 분석하고 분류해서 보여 주는 것이지요.

운전할 때 필수품인 내비게이션도 마찬가지입니다. 내비게이션은 도착지에 이르는 여러 경로를 분석하고, 교통 정체 상황 등을 파악해서 가장 좋은 경로를 안내해 주는데, 이때도 인공지능이 쓰입니다.

나보다 나를 더 잘 아는 알고리즘

인스타그램이나 유튜브, 페이스북 등의 콘텐츠 추천이 인공지능 알고리즘에 의해 이루어진다는 것은 이미 많이 알려진 사실이지요. 특히 유튜브는 사용자의 관심사를 파악해 좋아할 법한 영상을 개인 맞춤형으로 추천해 주는 알고리즘을 운영합니다. 그래야 영상 보는 시간이 길어지고, 그로 인한 광고 수익도 늘어나기 때문이지요. 유튜브의 주요 수익원이 광고이니까요. 각 사용자가 무엇을 주로 검색하고, 어떤 영상을 즐겨 보는지, 그 경우 시청 시간은 얼마나 되는지, 어디에 좋아요를 누르고 댓글을 다는지, 댓글을 달 경우 어떤 내용인지 등을 분석해 관심사를 파악하고, 이 사용자와 성향이 비슷한 다른 사용자들이 즐겨 보는 영상은 무엇인지 등도 분석한 후, 이 내용들을 종합적으로 고려해 영상 추천 알고리즘을 짭니다.

인스타그램이나 페이스북도 비슷한 방식으로 작동하지요. 인스타그램에서 누구를 팔로우하는지, 페이스북에서 '좋아요'를 누른 페이지가 무엇인지, 자주 교류하는 친구는 누구인지 등의 데이터를 바탕으로 사용자가 가장 좋아할 법한 콘텐츠가 무엇일지 예측하는 것입니다. 또 게시물에 욕설이나 혐오 표현이 있을 경우 이를 감지하고 경고를 보내거나 차단하는 활동도 인공지능의 힘을 많이 빌리고 있습니다.

숏폼 영상 서비스 '틱톡'은 작동 방식이 조금 다릅니다. 친구 관계나 팔로우 등은 거의 고려하지 않고 오직 어떤 종류의 영상을 얼마나 즐겨 보는지 또는 빨리 위로 넘겨 버리는지 즉, 영상 시청 행태를 분석해 추천 알고리즘을 짭니다. 그런데도 친구 관계까지 함께 고려하는 인스타그램이나 페이스북보다 인기가 더 많습니다. 그래선지 인공지능 추천 알고리즘이야말로 틱톡의 가장 중요한 자산이라고들 합니다.

의료 분야에서도 활약 중

의료 분야에서는 MRI나 엑스레이x-ray 사진을 판독해 진단에 도움을 주는 인공지능이 쓰이고 있습니다. 의사들은 때로 수천 장에 이르는 비슷한 이미지를 봐야 하는데, 어디에 문제가 있는지 알아보는 것이 쉬운 일은 아닙니다. 의료 분야 인공지능은 정상인과 환자의 촬영 이미지를 학습해 새로운 이미지가 들어올 때 병이 있을 가능성이 큰 환자를 빠르게 분류해 보여 줄 수 있습니다. 이를 통해 의사들의 업무를 크게 덜어 주고, 환자도 빨리 필요한 치료를 받을 수 있게 됩

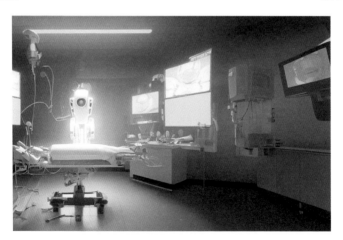

의료 분야에서도 이미 인공지능이 쓰이고 있다.

◀◀◀

니다. 또 제조 공장이나 물류센터 등에도 인공지능이 많이 적용되어 있습니다.

이런 사례들에서 알 수 있듯이, 인공지능이 배후에 있다는 사실을 인식하지 못할 뿐 인공지능은 이미 우리 삶 곳곳에서 활약하고 있었습니다. 어떤 기술이든 처음에는 놀랍고 혁신적으로 보이지만, 우리는 차츰 자연스럽고 당연한 것으로 받아들이게 되지요. 지금의 생성형 AI도 곧 그렇게 되지 않을까요.

멀티모달 AI는 뭐지?

사람의 지적, 창의적 활동은 대부분 언어를 통해 이루어집니다. 이것은 초거대 언어모델이 사람처럼, 어쩌면 사람보다 더 잘 글을 이해하고, 요약하고, 문장을 쓸 수 있다는 의미이기도 합니다. 지금 당장 컴퓨터에서 챗GPT나 구글 제미니에 접속해 몇 가지 요청을 해 보면 바로 확인할 수 있는 일이지요. 시도 쓰고, 웹페이지 요약문도 잘 만들어 주고, 마케팅 문구 초안도 여러 개 뽑아 줍니다.

그런데 사람은 언어만 갖고 학습하지는 않습니다. 일례로 아기가 '사과'라는 과일을 알게 되는 과정을 생각해 봅시다. 아기는 사과를 눈으로 보고, 손으로 만져 봅니다. 사과 조각을 입에 넣어 맛도 봅니다. 이런 과정을 여러 번 거치며 사과를 알게 되지요. 사과는 빨갛거나 연두색을 띤 둥근 물체로, 향긋하고, 깨물면 아삭하고 새콤달콤한 맛이 난다는 사실을 말입니다. 사과를 본 적도, 만져 본 적도, 먹어 보지도 않은 사람에게는 아무리 이런 설명을 해도 완전히 이해하기는 어려울 것입니다. "연애를 책으로 배웠다"는 우스갯소리처럼, 초거대 언어모델이 그런 셈이지요.

멀티모달 AI

인공지능이 텍스트뿐만 아니라 보고, 듣고, 느끼는 등 다른 유형의 데이터를 학습하고 처리할 수 있다면 훨씬 유용할 것입니다. 사람이 눈으로 사물을 보듯이 이미지를 인식하고, 귀와 같이 소리를 받아들일 수 있다면 현실에서 훨씬 더 쓸모가 있겠지요. 이를테면 촉감과 균형 감각 같은 것까지 느낄 수 있는 인공지능이 있어 로봇에 접목할 수 있다면, 그 로봇은 사람과 매우 비슷한 방식으로 주변 환경을 인식하고 그에 맞춰 행동할 수 있게 될 것입니다.

이렇게 여러 유형의 데이터를 활용해서 구축한 인공지능

시스템을 멀티모달Multimodal AI라고 합니다. 모달modal은 방식, 기분, 유행 등을 뜻하는 모드mode의 형용사형입니다. "나 요즘 우울 모드" 같은 말 가끔 쓰죠? 여러 유형의 데이터를 활용할 수 있는, 즉 '모드'가 여러 개인 인공지능이 멀티모달 AI입니다.

인공지능 챗봇의 프롬프트에 "집에 얼린 소고기와 만두, 상추와 두부가 있는데 저녁 메뉴로 어떤 음식을 만들 수 있을까?"라고 질문하지 않고, 냉장고 사진을 찍어 보여 주며 "오늘 저녁에 만들어 먹을 요리 추천해 주고 레시피도 알려 줘"라고 하는 편이 훨씬 편하겠죠. 시각장애인이 스마트폰 카메라로 길의 표지판이나 음식점 메뉴판 등을 비추면, 인공지능이 이를 인식해 그 내용을 음성으로 안내할 수도 있습니다. 게임 NPC(Non-Player Character, 게임 속에서 게이머에게 퀘스트를 주거나 물품을 보관하는 등 게임 진행을 돕는 역할을 하는 캐릭터들로, 보통 제한된 대사나 행동만 한다)에 멀티모달 AI가 적용되면 게이머의 행동에 따라 달라지는 다양한 상황을 인식하고 그에 맞게 대응할 수 있습니다. 오픈AI의 GPT-4 모델부터 이런 멀티모달 기능이 일부 적용되기 시작했습니다.

생성형 AI는 멀티모달 AI로 발전해 나가리라 예측합니다. 멀티모달 AI는 설명을 보고 그에 맞는 이미지를 만들거

◀◀◀

나, 반대로 사진을 보고 사진 설명을 만드는 것도 가능합니다. 사람의 목소리와 얼굴 표정 등을 종합적으로 활용해 어떤 감정을 느끼는지 분석하거나, 자율 주행 차량이 운행하면서 만나는 상황을 이미지와 소리 등을 활용해 더 잘 파악해서 대응할 수도 있습니다. 현재 의료용 인공지능은 촬영 이미지를 분석해 병증을 확인하는데, 앞으로는 사람 의사처럼 눈으로 보고 숨소리를 듣고 몸도 짚어 가며 종합적으로 환자의 문제를 진단할 수 있을 것입니다.

멀티모달 AI는 이진법 디지털 신호와 프로그래밍 언어만 받아들이던 인공지능이 사람의 텍스트를 이해하는 것을 넘어 사람의 감각까지 받아들이고 이해하는 과정을 보여 주는 것이라고 할 수 있습니다. 시각과 청각, 촉각 등 다양한 감각을 활용해 세상을 더 잘 이해하고, 그로 인해 현실 세계에서 더 유용하게 활용되리라 봅니다.

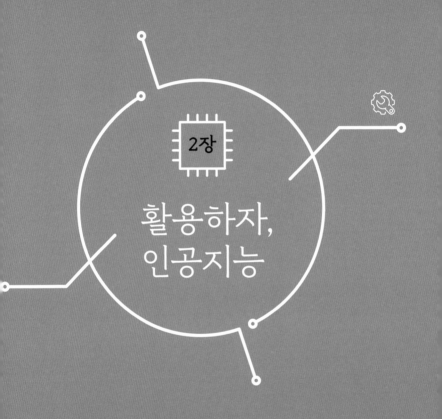

2장

활용하자,
인공지능

나의 일자리는 안전할까?

새로운 기술이 등장하면 사회도 뒤따라 변합니다. 살아가고 일하는 방식이 달라지니까요. 지금은 스마트폰을 당연시하지만, 몇 년 전만 해도 집이나 사무실에 설치된 유선 전화기로만 통화를 할 수 있었습니다. 정보를 얻으려면 도서관에 가서 책이나 옛날 신문 등을 뒤져야 했고요.

기술의 발전은 양면을 갖고 있습니다. 삶을 편리하게 하는가 하면, 일자리를 없애는 등의 어두운 면도 보여 주지요. 인공지능 시대라고 다르지 않습니다. 인공지능 시대에 뜰 직업, 사라질 직업에 대해선 이미 들어 보셨을 것입니다. 그것에 대해 본격적으로 말하기 전에, 기술 발전에 따라 뜨고 사라진

직업들에 대해 먼저 살펴보려고 합니다.

사무직원이 많았던 70년대

1950년대에서 1970년대가 배경인 영화나 드라마를 보면, 넓은 사무실에 똑같은 책상이 죽 늘어서 있고 또 비슷한 옷을 입은 많은 사람이 거기에 앉아 일합니다. 20세기 초 2차 대전을 겪으며 국가의 업무는 점점 복잡해지고, 세계를 무대로 삼은 대기업도 많이 늘어났습니다. 이런 거대하고 복잡한

컴퓨터가 등장하기 전 사무실 풍경. 타자기를 치고 있다.

조직을 운영하기 위해 많은 사람이 필요했던 것이지요.

1970년대 미국에서 가장 많은 사람이 종사한 직업은 비서 secretary였습니다. 사무직원이라고 보면 됩니다. 미국의 센서스 (Census, 국가 등에서 일정한 간격을 두고 전체 인구 또는 전체 가구 수를 가가호호 방문해 조사하는 것을 말한다) 조사에 따르면, 1978년 미국 50주 중 21주에서 가장 많은 사람이 종사한 직업이 비서였습니다. 당시는 개인용 컴퓨터는 보급되지 않고, 타자기로 모든 서류를 만들던 시절이니까요.

PC가 일으킨 변화

1990년대에 이르면 이런 상황이 달라집니다. 비서는 대폭 줄어들고, 트럭 운전사가 가장 많아집니다. 미국은 원체 땅이 넓어서 전국 구석구석까지 물건이 가려면 트럭 운송에 의존해야 하기 때문이지요. 동쪽 끝에서 서쪽 끝까지 한 달 가까이 트럭을 몰아야 하는 경우도 있습니다.

그 사이에 무슨 일이 있었길래 트럭 운전사가 늘어난 것일까요? 1970년대 말과 1980년대에 걸쳐 중요한 일이 일어납니다. 바로 개인용 컴퓨터PC가 등장한 것입니다. 세계 최초

애플-1(왼쪽)과 매킨토시.
스티브 잡스가 매킨토시를 소개하고 있다.

로 책상에 놓고 쓸 수 있는 PC를 만든 회사는 아이폰을 만
든 애플입니다. 애플은 1976년에 PC '애플-1'을 세상에 내놓
았고, 1984년에는 세계 최초로 그래픽 사용자 인터페이스GUI
를 적용한 PC '매킨토시'를 내놓습니다. 이전까진 키보드만
썼는데 손이 아닌 '마우스'란 것을 이용하게 한 제품이라 센
세이션을 일으켰지요. 지금 우리가 쓰고 있는 컴퓨터의 원형
이라 할 수 있습니다.

　애플은 1976년, MS는 75년에 설립되었는데요, 84년에 매
킨토시가 출시된 다음 해인 85년에 MS에서도 획기적인 것을

내놓습니다. 바로 운영체계OS, Operating System '윈도'입니다. 지금 거의 모든 컴퓨터에 기본으로 깔리는 그 윈도 맞습니다. MS는 컴퓨터에 필요한 운용체계와 오피스 소프트웨어를 함께 팔기 시작했습니다. 하드웨어뿐 아니라 소프트웨어까지 갖춘, 디지털 시대가 본격적으로 시작된 것이지요.

PC가 사무실에 보급되면서 직장의 많은 일, 특히 문서 작업과 회계 업무 등을 훨씬 빠르고 편리하게 할 수 있게 되었습니다. 타자기와 워드프로세서의 작업 효율성은 다를 수밖에 없습니다. 자연히 비서 일자리는 빠르게 줄어들었습니다. PC가 사무직원을 대체한 것이지요. 반면 트럭 운전은 컴퓨터가 대신할 수 없습니다. 그런데 앞으로 자율 주행 자동차가 일반화되면 트럭 운전 일자리도 사라질 가능성이 있습니다. 기술의 발전은 이처럼 일하는 방식과 일자리에 영향을 미치고, 일부 일자리는 사라지게 할 수도 있습니다.

따지고 보면, 기술 발전이 일자리를 빼앗는다는 우려는 역사가 깁니다. 19세기 초 영국에서 일어난 러다이트Luddite운동만 봐도 알 수 있지요. 러다이트 운동은 새로 발명된 방직기 때문에 일자리를 잃을 위기에 놓인 노동자들이 그 기계를 파괴한 사건을 말합니다. 아마 문자가 처음 나왔을 때도 "문자를 쓰기 시작하면 기억력이 나빠진다"고 걱정하는 사람이 있

방직기를 부수는 노동자들. 기계 문명에 대한 거부는 20세기로도 이어졌다. 컴퓨터의 급속한 보급과 함께 첨단 과학기술시대가 도래하자, 기계 문명이 인류를 파멸시킬 수 있다며 소극적이든 적극적이든 이에 반대하는 이들이 생겼는데, 이들의 실천을 네오러다이트운동neo-Luddite Movement이라고 한다. 대표적인 인물로 20년간 우편물 폭탄 테러를 자행하다 체포된 미국의 수학자 카진스키Kaczynski가 있다.

었을지 모릅니다. 문자가 없었을 때는 부족이나 나라의 신화, 역사, 종교 의례 등에 관해 외워 둬야 했는데, 문자가 나오면 그럴 필요가 없어지니까요.

기술과 일자리의 관계를 살펴보면, 인공지능 때문에 일자리를 잃을지 모른다고 걱정하는 것은 당연합니다. 생성형 AI는 문서도, 보고서도, 이미지도 척척 만들어 냅니다. 지금까지 워드프로세서나 엑셀, 데이터베이스 같은 디지털 도구들은 사람이 더 많은 아이디어를 효과적으로 낼 수 있게 도왔습니다. 정리된 데이터를 분석하고 새로운 결과물을 만드는 것은 사람의 일이었습니다. 그런데 이 일을 인공지능이 대신할 수 있게 된 것입니다. 두려움이 생기지 않을 수 없지요. 이 때문에 앞으로는 인공지능과 로봇이 대부분의 일을 처리할 수 있으니 사람들에게 기본소득을 주어야 한다는 주장도 나옵니다.

기술이 일자리를 사라지게만 할까요? 기술의 발전은 항상 새로운 일자리를 만들고, 다른 기회를 준다는 사실도 함께 기억하면 좋겠습니다.

어떤 직업이 사라질까?

기술의 발전은 전문성이 낮고 어렵지 않은 일, 단순하게 반복하는 일을 대체한다고 생각하는 경우가 많습니다. 대체로 그렇기는 합니다만, 더 정확하게는 그동안 많은 비용이 들었지만 기술로 대체할 수 있는 분야의 일이 더 영향을 받는다고 하겠습니다. 일례로 앞서 언급한 러다이트운동을 일으킨 주축은 가내 수공업 장인들이었습니다. 이들은 길드를 조직해 힘을 행사했는데, 방직기가 개발되면서 힘을 잃게 됩니다. 최근의 예로는 키오스크를 들 수 있습니다. 키오스크로 주문을 받는 카페나 식당이 많아지면서, 서빙 일자리가 줄고 있지요.

▶▶▶

법조인

새로운 기술이 등장하면 기존 업무의 상당 부분이 기계로 대체되고 인력은 더 부가가치가 높은 일들, 기계가 대신할 수 없는 지식과 창의력이 필요한 일, 수요가 늘어난 분야로 이동합니다. 발달된 기술을 더 빠르고 정확한 판단을 내리는 데 활용할 수 있는 전문직은 대체로 기술 발전의 혜택을 입는 편에 속합니다. 변호사, 회계사, 연구 개발직, 디자이너, 회사 경영자 등입니다.

그런데 생성형 AI는 숙련도가 낮아도 되는 업무뿐 아니라 전문직까지 대체할 가능성이 있습니다. 요즘 공부 잘하는 학생들이 모두 의대로 몰려서 사회 문제가 되고 있죠. 문과 학생들은 대학 전공에 상관없이 로스쿨 진학을 위해 애쓰고 있고요. 의사나 변호사 같은 전문직이 평생 안정적이고 높은 수입을 보장한다고 생각하기 때문이지요. 이런 믿음이 조만간 깨질 수도 있습니다.

법률 분야는 법조문과 판례를 중심으로 많은 서면을 준비하며 쟁점을 다투고, 판결문의 형태로 결과가 나옵니다. 논리적이고 일정한 형식을 갖춘 문서를 바탕으로 모든 활동이 이루어지고, 이 자료들은 모두 데이터베이스로 잘 정리되어 있습니다. 이것은 초거대 언어모델 기반의 생성형 AI를 학습시켜 업무에 적용할 수 있다는 의미입니다. 법조인의 자리가 안정적이었던 이유는 수많은 법률 문서를 인식하고 분석해 이를 법률 업무 문서로 재창조하는 기술이 아직 없었기 때문입니다. 그런데 인공지능이 이 일을 해낼 수 있는 것입니다. 더욱이 인공지능은 사람과 달리 개인의 배경이나 편견에서 상대적으로 자유로울 수 있습니다. 재판 결과를 다룬 기사에 자주 "인공지능이 재판을 해야 한다"는 댓글이 달리는데, 조만간 현실이 될 수 있습니다.

인공지능은 이미 법률 업무에 활용되고 있습니다. 대표적인 예로, 챗GPT를 만든 오픈AI의 투자를 받은 회사 하비 Harvey는 법률 관련 데이터를 학습한 생성형 AI 서비스를 대형 로펌에 제공합니다. 이 서비스는 로펌 변호사들이 법조문에 대해 궁금한 점을 물으면 대답해 주고, 재판을 위한 서면 초안도 만들어 줍니다. 세계 최대 로펌인 영국의 앨런 앤 오버리 Allen & Overy가 시범 도입했는데, 변호사들이 3개월 동안 4만 개 이상의 질문을 하는 등 적극 활용했다고 합니다.

챗GPT 등장 이전에도 인공지능은 법률 분야에 조금씩 적용돼 왔습니다. 미국 스탠퍼드 대학교 학생 조슈아 브로더 Joshua Browder는 2015년 억울하게 주차 위반 딱지를 떼이는 일을 겪은 후, 경찰에게 자동으로 이의신청을 하는 인공지능 법률 서비스 두낫페이DoNotPay를 개발했습니다. 챗봇과 대화하며 경찰에 적발될 당시의 상황이나 자기의 위급한 사정들을 적으면, 인공지능이 이를 바탕으로 문서를 만들어 줍니다. 법률 문서는 어려워 보이지만 대개 일정한 형식을 따르고 있어 인공지능을 적용하기 어렵지 않습니다. 두낫페이는 지금까지 300만 건 이상의 사건에 쓰였다고 합니다.

로펌에서 보통 신입 변호사는 자료 조사를 하거나 서면 준비를 도우면서 일을 배웁니다. 그런데 이런 일을 이제 인공지능이 더 잘할 수 있게 되었습니다. 로펌은 변호사를 예전처럼 많이 고용하지 않고도 비슷한 성과를 낼 수 있겠지요. 로스쿨을 나와도 법조계에 자리잡기 더 어려워질 수 있다는 의미입니다.

소프트웨어 개발자

코로나19 팬데믹 기간에는 거의 모든 일이 비대면으로 이루어졌습니다. 그 바람에 온라인 서비스들의 인기가 높아지면서 소프트웨어 개발자들의 몸값도 치솟았지요. 코로나19

때문에 더 탄력을 받았을 뿐, 이전에도 소프트웨어 개발자들은 중요한 직군으로 대우를 받았습니다. 아무래도 디지털 시대이니까요. 그래선지 학교에서도 코딩 교육을 많이 강조하고 있습니다.

그런데 소프트웨어 개발자 역시 생성형 AI 때문에 입지가 흔들릴 것으로 보입니다. 소프트웨어 개발, 즉 코딩은 컴퓨터에게 일을 시키기 위해 컴퓨터가 알아들을 수 있는 말로 명령서를 쓰는 것이라 할 수 있습니다. 프로그램을 짜기 위해 파이선이나 C+ 같은 프로그래밍 언어를 사용합니다. 이들도 일정한 문법과 어휘, 논리적 구조가 있는 언어입니다. 사람의 말보다 더 정확하고 논리적으로 구성되어 있습니다. 게다가 코딩을 하는 사람들은 작업한 결과물을 인터넷에 공개해서 서로 참고하는 문화가 있습니다. 인공지능이 학습할 수 있는 자료가 무궁무진한 셈입니다. 챗GPT 같은 생성형 AI에게 이런저런 방식으로 작동하는 코드를 짜 달라고 요구하면 상당히 훌륭한 수준의 결과물을 내놓습니다. 인공지능에게 코드 초안을 짜게 하고 오류만 수정하는 방식으로 생산성을 크게 높일 수 있습니다.

▶▶▶

의사

의사 역시 마찬가지입니다. 인공지능이 MRI나 엑스레이 사진들을 판독해 병명을 진단하고, 로봇이 인공지능의 도움을 받아 수술을 집도할 날이 멀지 않았습니다. 앞서 말했듯이 인공지능이 이미 MRI나 엑스레이 사진들을 판독하고 있고, 수술 로봇을 쓰는 병원도 꽤 많아졌습니다. 생성형 AI에 음성 인식과 음성 합성까지 접목하면, 인공지능이 간단한 병은 진단할 수도 있겠죠. 물론, 의료 관련 법률이나 사회 인식이 함께 변해야 실현 가능한 일이라 말처럼 간단하지는 않을 것입니다. 하지만 기술적으로는 이미 상당히 준비되어 있다는 것이지요.

이처럼 인공지능은 그동안 우리가 안전하다고 여기던 전문직들을 위태롭게 하고 있습니다. 여러 기관의 연구도 비슷한 결론을 내립니다. 얼마 전 나온 한국은행의 보고서 〈인공지능과 노동시장 변화〉를 보더라도 고학력, 고소득 노동자일수록 인공지능에 더 많이 노출되어 있어 대체될 위험이 큽니다. 특히 의사와 회계사, 변호사 등을 인공지능에 대체될 가능성이 큰 직종으로 꼽았습니다.

오픈AI가 초거대 인공지능 모델이 노동시장에 미칠 영향을 분석한 결과에 따르면, 미국 노동자의 80퍼센트는 적어도 업무의 10퍼센트가 GPT 같은 인공지능 모델의 영향을 받을 것으로 보입니다. 19퍼센트는 업무의 절반 이상이 영향을 받고요. 고소득 직종도 예외가 아니며, 소프트웨어를 많이 활용하는 업종이 더 많은 영향을 받을 것으로 내다봤습니다. 국제통화기금IMF은 세계 일자리의 40퍼센트, 선진국 일자리의 60퍼센트를 인공지능이 대체할 것이며, 특히 화이트칼라 직종을 많이 대체할 것으로 전망합니다.

인공지능을 공부에
활용할 수 있을까?

챗GPT가 처음 나왔을 때 선생님들이 많이 걱정했다고 합니다. 학생들이 챗GPT가 만든 글을 숙제에 그대로 가져다 쓸까 싶어서 말입니다. 관심 있는 주제를 정하고, 그에 관한 자료를 찾고, 그것들을 토대로 스스로 의미 있는 결론을 이끌어 내는 과정이 학습의 핵심입니다. 그런데 생성형 AI의 프롬프트에 질문을 던지고 받은 글을 그대로 제출한다면 교육이 제대로 이루어질 수 없습니다. 인공지능이 아주 쉽고 빠르며 완성도 높은 표절 도구가 될 수 있다는 우려인 것이지요.

챗GPT를 활용하는 문제는 본질적으로 수학 문제를 풀 때 계산기를 쓸 수 있게 할 것인지, 보고서를 쓸 때 인터넷에서 검색한 정보를 얼마나 활용하게 할 건지에 대한 고민과 같은 것일 수 있습니다. 그러니까 발달한 기술을 공부에 얼마나 어떻게 활용할 것이냐의 문제인 것이지요. 숙제를 하거나 발표 자료를 만들 때 네이버 '지식인' 내용을 그대로 베끼면 안 되듯이 챗GPT를 활용할 때도 우리는 비판적으로 생각하고 선별해 받아들이는 태도를 가져야 할 것입니다.

생성형 AI가 답한 내용, 초안 등의 사실 여부를 확인하고, 그 내용 중 어느 것을 받아들일지 또는 수정할지 결정해 과제를 완성해 나간다면 오히려 짧은 시간에 다양한 관점과 사실을 접할 기회가 되어, 사고력을 키우는 데도 큰 도움이 될 것입니다. 이럴 경우 인공지능은 훌륭한 학습 보조 수단이 됩니다.

예를 들어 "18세기 조선 미술의 주요 흐름에 대해 알려 줘" 또는 "영화 〈인사이드 아웃〉에 나타난 경제학의 기본 원리들이 궁금해" 같은 질문에 생성형 AI는 체계적으로 정리해 보여 줄 것입니다. 그럼 그 답변들의 진위를 파악하고 논리나 결론이 타당한지 검토해서 자신의 생각을 발전시키는 밑거름으로 활용할 수 있습니다. 특히 인공지능은 다양한 관점으로 문제에 접근할 기회를 주기 때문에 초기에 폭넓은 아이디어를 얻을 수 있게 합니다.

또 인터넷에서 정보를 찾거나 PDF 문서를 볼 때 생성형 AI 서비스에 웹사이트 주소를 입력하거나 문서를 업로드하고 내용 요약을 요청하는 것도 유용한 인공지능 활용법입니다.

개인 활용법

개인적으로는 챗GPT나 구글 제미니 같은 생성형 AI를 외국어, 특히 영어 공부에 활용해 볼 것을 적극 추천합니다. 우리말을 프롬프트에 입력해 영어 등 외국어로 번역하거나 외국어를 우리말로 번역하는 것은 기본이고요. 자신이 쓴 글을 올려 문법이나 표현이 잘못된 곳을 찾아 달라고 하거나, 같은 의미의 다른 문장으로 바꾸어 달라고도 할 수 있습니다. '공식적인' 또는 '활기찬', '유머러스한'과 같이 문체나 분위기를 지정할 수도 있고, 분량을 길거나 짧게 조절해 달라고도 할 수 있습니다. 글을 읽는 독자층의 나이에 맞춰 "5세 어린이들이 읽는 글이라 생각하고 문장을 다듬어 줘"와 같은 요청도 할 수 있지요.

대부분 초거대 언어모델은 수천억 개 단위의 영어 텍스트를 학습했기 때문에, 다양한 문체나 느낌의 영어를 거의 정확하게 구사합니다. 생성형 AI를 쓸 수 있는 컴퓨터나 스마트폰이 있다면 우리는 영어의 모든 분야에 통달한 영어 선생님을 바로 곁에 두고 있는 것이나 마찬가지입니다.

교사 활용법

학생뿐 아니라 교육자들도 인공지능을 어떻게 활용할지 고민하고 있습니다. 교사들은 인공지능을 활용해 학생 개개인의 이해도나 지식 등을 파악하여 맞춤형 교육을 할 수 있을 것입니다. 잘하는 학생에게는 더 수준 높은 과제를 제시하고, 내용 이해에 어려움을 겪는 학생에게는 반복 학습을 하며 이해도를 끌어올릴 수 있습니다. 맞춤형 학습을 통해 학생 간 교육 격차를 줄이고, 형편이 어려운 학생도 필요한 교육을 충분히 받도록 할 수 있습니다. 그러다 보면 학생 개개인에게 더 신경을 쓰게 되고 학생과 좋은 관계도 맺게 되겠지요.

이런 접근이 늘 좋은 것은 아닙니다. 학생을 감시하는 격이 될 수도 있기 때문입니다. 또 인공지능을 활용한 개인별 수업은 학생 간의 교류를 줄여 사회성이나 인지능력 등을 떨어뜨릴 우려도 있습니다. 인공지능 모델에 내재된 미묘한 편향된 시각이 교육 과정에서 학생들에게 증폭되어 전해질 수도 있고요.

한편 디지털 기술이 과연 교육에 진짜 도움이 되는지에 대한 근본적인 문제 제기도 있습니다. 인공지능 이전에도 디지털 기술을 교실에 도입하려는 시도는 꾸준히 있었습니다. 수업 시간에 컴퓨터나 태블릿 PC 등을 활용한 것도 한 예입니다. 그런데 학교에서 컴퓨터를 쓰는 시간이 어느 수준을 넘어가면 국제학업성취도평가PISA의 읽기 점수가 오히려 낮아진다는 조사 결과가 있습니다.

이런 점들을 감안하면, 기술을 도구로 활용할 때는 먼저 여러 측면에서 비판적인 점검을 해야 할 것입니다.

정말 창작을 하는 걸까?

우리는 인간만이 창의적인 일을 할 수 있다고 믿습니다. 과연 그럴까요? 챗GPT에게 주제나 간단한 설정을 주며 시나 소설을 써 보라고 해 보세요. 아마 보통의 우리보다 훨씬 그럴듯한 결과물을 내놓을 것입니다.

제미니에 "세 아이 아빠로 성실히 살아온 평범한 50대 한국 남성을 위로하는 짧은 시를 써 줘"라고 해 보았습니다.

아빠의 등

거친 손길, 그늘진 이마

▶▶▶

세 아이 바람 헤치며 쌓인 세월

묵묵히 쌓은 산맥, 든든한 등

피어나는 미소, 따스한 눈빛

고된 세월 속 피어난 꽃

사랑으로 엮은 가족의 행복

아빠, 고맙습니다.

그럴듯하죠? 오픈AI가 만든 DALL-E나 스타트업 기업이 만든 미드저니Midjourney 같은 인공지능 모델은 사용자 요청에 따라 아주 멋진 이미지를 뚝딱 만들어 냅니다. 분위기에 맞는 노래도 만들어 내고요. 오픈AI는 소라SORA라는 인공지능 모델도 선보였는데 이 인공지능도 사실적인 영상을 만들어 낸다고 합니다. 이 때문에 작가나 디자이너, 일러스트레이터, 작곡가, 영상 제작자 같은 '크리에이티브'한 영역에서 일하는 사람들이 조만간 인공지능에 자리를 빼앗길 거라는 우려가 나옵니다.

빼앗긴 창의력?

음악, 미술, 디자인, 영상, 문학, 광고 등의 분야를 흔히 '크리에이티브'한 영역이라고 합니다. 규정이나 절차보다는 아이디어와 창의력이 중요하기 때문이지요. 창의력 하면, 고독한 천재 예술가나 과학자가 어느 순간 영감을 받아 놀라운 결과물을 쏟아 내는 장면을 머릿속에 그리곤 하는데, 창의력이 꼭 그렇게만 정의되는 것은 아닙니다.

창의력은 과거부터 쌓아 온 경험과 지식을 새로운 방식으로 연결해서 지금의 문제를 해결할 방법을 찾아 내는 능력이기도 합니다. '과거의 경험과 지식'은 개인뿐 아니라 집단이나 사회 전체가 쌓아 온 것도 포함합니다. 문화라고도 할 수 있겠죠. 즉, 우리가 하는 창의적인 노력들은 앞서 살았던 사람들이 노력해서 얻은 결과들을 현재의 우리가 받아들여 새롭게 해석하는 활동이라고 할 수 있습니다.

인공지능도 이런 창의력처럼 작동합니다. 그동안 인터넷에 쌓인 텍스트와 이미지, 영상 등을 학습해서 사용자의 요청에 가장 맞는 결과물을 내놓습니다. 많은 양의 데이터를, 쉬지 않고 빠르게 받아들여 학습합니다. 사람은 따라잡을 수 없지요. 아무리 그림에 재능이 뛰어난 사람이라도 어떤 그림을

'웹툰 느낌으로' 또는 '반고흐식 붓 터치로' 쉽게 바꿔 그리기는 어려울 것입니다. 하지만 인공지능에게는 전혀 문제가 되지 않습니다. 이세돌 9단 같은 바둑 초고수들은 기보 연구에 많은 시간을 씁니다. 그럼에도 3주 안에 16만 개의 기보를 학습하고, 자기들끼리 쉬지 않고 대국을 반복하며 추가 학습을 하는 알파고를 당할 수는 없습니다.

우리가 창의적인 일이라고 생각하던 업무 대부분은 과거의 경험과 지식을 바탕으로 재구성할 수 있고, 이제 인공지능이 그런 일을 할 수 있는 단계에 이르렀음을 인정해야 할 듯합니다. 일상적인 디자인이나 일러스트 작업, 실용적인 글쓰기나 번역 같은 일들은 인공지능 때문에 많이 줄어들 전망입니다.

질문하는 '인간'

이런 현실이 꼭 암울한 것만은 아닙니다. 새로운 길을 찾을 기회일 수도 있지요. 일례로 인공지능이 제시하는 다양한 형태의 제안을 살펴보며 아이디어를 얻을 수 있습니다. 글 쓸 때 첫 문장 쓰는 것이 가장 어려운데, 인공지능이 여러 초안을 보여 주면 훨씬 쉽게 그 장벽을 넘을 수 있고요. 또 디자인 도안을 어떤 느낌으로 해야 할지 고민될 때, 인공지능이 만들어 준 여러 이미지를 보며 생각을 정리할 수도 있겠죠.

그러자면, 인공지능의 학습 데이터에 반영되지 않은 새로운 아이디어를 생각해 내는 능력을 키울 필요가 있습니다. 이를테면 과거에 다른 사람이 하지 않았던 질문, 현재의 문제를 다른 시각으로 바라보고 해결할 실마리가 되는 질문을 던지는 것이지요. 유럽 과학자들이 학술지 《사이언티픽 리포츠Scientific Reports》에 발표한 연구 결과가 이에 관한 좋은 예가 될 듯합니다. 연구 팀은 인공지능과 사람 참가자를 대상으로 밧줄이나 연필 같은 일상에서 흔히 볼 수 있는 사물의 다른 용도를 여러 가지 생각해 보게 하는 '확산적 사고' 실험을 통해 창의력을 측정했습니다. 그 결과, 평균은 인공지능이 높았지만 최고 점수를 받은 것은 인공지능이 아니라 사람들이었습니다. (최저 점수를 받은 것도 인공지능이 아니라 사람이었다.) 사람의 창의력은 모방 가능하지만, 여전히 기술로 복제하기 어려운 특성 또한 가지고 있음을 보여 주는 연구 결과이지요.

저는 이전에 기자로 일했습니다. 사실 기사는 틀이 거의 정해져 있어 인공지능도 쉽게 쓸 수 있습니다. 하지만 일상에서 어떤 일을 겪으면서 "왜?"라는 질문을 품고, 사회적으로

▶▶▶

중요한 의미가 있는 기삿거리를 찾아내 취재하는 일은 사람 기자만이 할 수 있지요.

다시 구글 제미니가 쓴 시로 돌아가 보겠습니다. 낯익은, 뻔한 느낌의 표현들만 나열되어 있죠? 보통 사람들이 이런 식으로 부모의 노력을 묘사하며 감사를 표하기 때문입니다. 이 시는 충분히 훌륭합니다. 그런데 "왜 이런 식으로만 표현해야 하지?"라는 질문을 던지다 보면, 더 좋은 감사의 표현을 찾을 수 있고, 나아가 그 과정에서 나와 부모님의 관계에 대해 더 깊이 생각하게 될 것입니다. "왜"라고 묻고, 한 번 더 깊이 생각해 보는 것, 그것이 우리가 인공지능을 이길 창의력과 사고력을 기르는 첫걸음입니다.

인공지능이 다 할 텐데,
왜 공부를 해야 하지?

MS는 2019년부터 오픈AI에 누적 130억 달러(한화 약 17조 원)를 투자했습니다. 초거대 언어모델의 가능성을 알아보고 진작부터 투자를 한 것이지요. 그리고 MS 윈도에 기본으로 깔려 있는 인터넷 브라우저 에지Edge, 검색 서비스 빙Bing 등에 오픈AI가 개발한 챗GPT 기반의 생성형 AI 서비스를 넣기 시작했습니다. 또 워드나 엑셀 같은 오피스 프로그램에도 인공지능을 적용했습니다.

그로 인해 다음과 같은 이점들을 누릴 수 있게 되었습니다. 에지 브라우저에서 웹사이트를 보다가 바로 웹페이지 내용을 요약해 볼 수도 있고, 외국어로 된 사이트일 경우 우리

▶▶▶

말로 번역해 볼 수도 있습니다. 또 빙에 검색하면 챗GPT가 검색어 관련 내용을 요약해 줘 검색 결과에 나온 사이트를 일일이 방문하지 않아도 대략의 내용을 알 수 있습니다. 또 오피스 프로그램에 적용된 인공지능 기능을 활용하면, 엑셀 회계 장부의 데이터가 분석돼 정리된 매출 추이를 받을 수 있고, 영수증을 촬영해 올리면 가격 정보가 엑셀 워크시트에 자동으로 입력되는 등 일을 편리하게 처리할 수 있습니다. 소프트웨어 개발자는 코딩을 할 때 인공지능의 도움을 받을 수도 있습니다.

MS는 이런 인공지능 기능에 공통적으로 코파일럿Copilot이 라는 이름을 붙였습니다. 이름을 굉장히 잘 지었죠? 파일럿 pilot은 비행기 조종사 또는 기장을 말합니다. 코파일럿은 파

에지 브라우저에서 검색한 결과를 정리해 보여 주는 코파일럿

일럿을 옆에서 보조하는 부기장입니다. 여객기는 보통 두 명의 조종사가 짝을 이루어 운항하는데, 부기장은 필요한 경우 기장에게 의견을 주거나 정보를 제공해 기장이 안전하게 운항할 수 있게 돕습니다. 기장과 교대해 가며 운항을 책임지기도 하고, 급작스러운 사고 등으로 기장이 조종할 수 없을 때 기장을 대신하기도 합니다. 부기장은 기장의 든든한 조력자입니다.

잘 활용할 방법을 찾자

생성형 AI가 나오면서 인공지능이 사람을 대체할까 봐 걱정하는 목소리 한편에서는 인공지능을 잘 활용하면 되지 않겠느냐는 목소리도 커지고 있습니다. 인공지능을 부기장, 코파일럿으로 여기자는 것입니다.

코딩을 예로 들어 보겠습니다. 코딩 방법 중에 '짝코딩'이라는 것이 있습니다. 두 사람이 나란히 앉아 한 사람이 코드를 짜는 동안 다른 사람은 지켜보며 오류를 지적하거나 더 나은 방법을 제안합니다. 일정 시간이 지나면 역할을 바꿔 작업을 합니다. 이렇게 하면 프로그램 품질도 좋아지고 실수도 줄어든다고 합니다. 이때 옆에 사람이 아니라 인공지능이 있다면 어떨까요? 코딩뿐이 아닙니다. 글이나 보고서를 쓰거나, 새로운 아이디어를 짜내야 할 때 인공지능을 활용하는 것은 아는 것이 많고 똑똑한 친구가 계속 옆에 앉아 도와주는 것과 같지요.

인공지능은 비서나 조교 등이 되어 줄 수도 있습니다. 회사 경영자나 고위 공직자는 비서를 두고, 교수는 연구조교를 둡니다. 로펌에 들어가면 신입 변호사는 선배 변호사들의 재판을 돕는 일부터 시작합니다. 재판에 필요한 여러 자료, 법률 정보 등을 찾아 정리해 주는 것이지요. 이런 일들을 이제 인공지능이 해 줄 수 있는 것입니다.

자신을 보조해 줄 유능한 인력을 두는 것은 지위가 높거나 돈이 많은 사람들이 누리던 것이었지요. 그런데 인공지능으로 인해 이제 누구나 누릴 수 있게 되었습니다. 인터넷에 연결된 컴퓨터나 스마트폰이 있다면 말이지요. 그래서 이런 현실을 '인공지능의 민주화'라고 표현하기도 합니다.

더 공부하자

인공지능이란 비서를 어떻게 활용해야 가장 효과적으로 결과물을 얻어 낼 수 있을까요? 사람 비서를 대할 때와 비슷합니다. 일단 막연하게 지시하거나 불필요한 일을 시키면 안 되겠죠. 피드백도 잘 주어야 더욱 개선된 결과를 얻을 수 있겠고요.

그러자면, 자신이 얻으려는 것이 무엇인지 먼저 분명히 알아야 합니다. 자신이 하려는 일에 대해 어느 정도 배경 지식도 있어야 하고요. 즉 자신에 대해, 또 하려는 일에 대해 깊이 생각해야 인공지능도 잘 활용할 수 있다는 의미입니다. 결국 생각하는 힘을 키워야 하고, 일이 제대로 되었는지 판단할 수 있게 지식도 갖추고 있어야 한다는 말이지요.

이런 점을 짚는 이유는 혹시 인공지능 시대니 인공지능이 이제 다 알아서 하겠지 하고 생각할 분도 있을 것 같아서입니다. 공부할 필요도, 외국어를 익힐 필요도 없다고 생각할 수 있지만, 오히려 인공지능 시대이기 때문에 더 공부하고, 더 깊이 생각하는 능력을 키워야 할 것입니다. 인공지능이 대신해 줄 수 있는 일이 늘어날수록 인공지능이 할 수 없는 일을 생각해 내고 해결할 사람이 그만큼 더 중요해질 테니까요. 그리고 누구나 인공지능을 활용할 수 있게 되면, 인공지능을 잘 이해하고 활용하는 사람과 그렇지 못한 사람 사이에 큰 격차가 벌어질 수 있습니다. 멀리 갈 것 없이 컴퓨터가 막 나왔을 때, 컴퓨터를 배워 잘 활용한 사람과 컴퓨터를 배우지 못해 뒤처진 사람이 있는 것처럼 말입니다. 그래서 인공지능이 무서운 것이 아니라 인공지능을 잘 활용하는 옆 사람이 더 무섭다는 말도 있지요.

이런 직업은 안 사라진다고?

기계의 발달과 자동화는 공장 노동자의 일자리에 영향을 미쳤습니다. 디지털 기술은 사무직의 노동 시장에 변화를 일으켰습니다. 인공지능은 의사나 변호사, 회계사 같은 전문직이나 디자인, 광고 등 크리에이티브한 직업 영역까지 넘보고 있습니다. 어떤 일자리도 이제 안전해 보이지 않습니다. 인공지능의 영향에서 자유로운 일자리가 있을까요?

육체노동자

먼저 떠오르는 것은 몸을 섬세하게 쓰는 육체노동입니다. 오픈AI의 일자리 관련 보고서에서도 육체노동은 인공지능의 영향을 거의 받지 않는 것으로 나왔습니다. 건설 현장의 노동자를 예로 들 수 있습니다. 건설 기계나 장비는 계속 좋아지고, 안전이나 진단 전담 부서에서는 인공지능을 활용할 일이 늘어날 것입니다. 하지만 실제 건물을 쌓아 올리는 노동자들은 영향을 덜 받을 것으로 보입니다. 노인이나 환자를 돌보는 간병인, 어린이 돌보는 일을 하는 분들도 인공지능이 대체하기 어렵습니다. 돌보는 상대방의 상태를 예민하게 파악하고, 부드럽고 섬세하게 보살펴야 하니, 인공지능이나 로봇이 이 일을 해내려면 꽤 시간이 걸릴 것으로 보입니다. 더구나 이런 돌봄 업무는 큰돈을 벌 수 있는 분야가 아니라서 관련 기술 개발이 더 늦어질 수 있습니다. 어쩌면 영원히 개발되지 않을 가능성도 있지요.

다만 테슬라가 휴머노이드(Humanoid, 사람을 의미하는 'Human'과 '~와 같은 것'을 뜻하는 접미사 'oid'의 합성어로, '인간에 가까운 지능과 신체를 가진 로봇'을 말한다) '옵티머스'를 개발하는 것에서 보듯 사람처럼 움직이는 로봇 개발이 활발한 데다, 로봇에 생성형

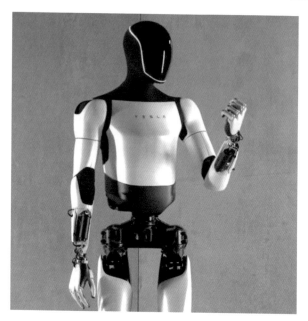

테슬라 옵티머스

AI를 접목해 사람과 대화하거나 사람의 상태를 보고 필요한 것을 제공하게 하는 연구도 진행 중이니, 앞으로 어떻게 될지는 지켜봐야 할 것 같습니다. 거동이 불편한 노인이나 장애인들의 근력을 높여 움직일 수 있게 하는 웨어러블 로봇 개발도 활발합니다.

배달 일은 어떨까요? 지름길을 잘 알아 동네 골목을 누비고, 계단도 재빠르게 오르내리는 배달 기사를 인공지능이나 로봇이 대신할 수 있을까요? 요즘 자율 주행 배달 로봇에 대한 연구는 많이 이루어지고 있습니다. 한 배달 앱에서 배달 로봇이 사람이나 장애물을 피하며 길을 따라갈 수 있는지 시험해 본 적이 있습니다. 모 회사 사옥 안에서도 배달 로봇을 실행한 적이 있고요. 하지만 로봇은 변수가 많은 도로 상황에 잘 대처하기 어렵고, 계단이 많은 곳에서는 이동도 어려웠지요. 당분간 인공지능이나 로봇이 사람 기사를 완전히 대체하기는 어려울 듯합니다.

운동선수와 유명 연예인

운동선수도 인공지능의 영향에서 상대적으로 자유로운 직업으로 보입니다. 운동선수는 체력과 기술을 갈고닦아 정정당당하게 승부를 겨루어야 하는데 이것을 인공지능이 모방하기는 힘들 것 같습니다.

배우나 가수 같은 연예인도 인공지능의 영향을 받을까요? 유명 연예인은 영향을 받지 않을 가능성이 크지만, 연예계의 근간을 유지하는 조연이나 무명 배우 혹은 스태프들의 입지는 불안해질 가능성이 큽니다. 예를 들면, 단역 배우 여럿을 쓰는 대신 인공지능으로 생성한 가상의 인물들로 영상을 만들 수도 있으니까요. 최근 미국 할리우드 배우 조합이 파업을 벌였습니다. 영화 제작사가 계약서에 "한 번 촬영한 영상을 지속해서 인공지능 학습 등에 이용할 수 있게 한다"는 내용을 추가하려 했기 때문입니다. 그렇게 되면 쉽게 말해 배우 '복제품'이 만들어질 수 있어 강력히 반대한 것입니다. 배우들의 설 자리가 점점 줄어들 테니까요.

성우들도 비슷한 처지입니다. 게임 기업들이 비디오게임에 출연하는 성우들을 인공지능으로 대체하려는 흐름이 강해지고 있습니다. 그러면 일자리가 사라지는 것이지요. 요즘은 단 몇 초 동안의 음성 파일만 있어도 인공지능에 그 목소리를 똑같이 학습시킬 수 있습니다. 그래서 성우들은 차라리 목소리 사용을 허가해 주고, 로열티를 받는 쪽으로 논의하고 있습니다.

특수효과나 복잡한 분장을 담당하는 전문가들도 타격을 입을 수 있습니다. 인공지능이 더 쉽고 빠르게 원하는 효과를 만들어 낼 수 있으니까요.

과학자와 종교인

과학자는 인공지능의 영향을 덜 받으리라 예상합니다. 과학의 발전 방향을 내다보고 중요한 연구 주제를 찾아 새로운 방식으로 돌파구를 찾는 과학자의 상상력을 아무래도 인공지능이 대신하기는 어렵겠지요. 하지만 수많은 화학물질을 조합해 가며 신물질을 찾거나, 방대한 논문 자료를 파악해 연결 고리를 찾아내는 일들은 영향을 받을 수 있습니다. 이런 일은 인공지능도 충분히 할 수 있으니까요.

종교인들도 인공지능의 영향을 덜 받을 것으로 보입니다. 종교 활동을 통해 얻고 싶은 높은 수준의 교감과 친밀한 경험, 영적 체험 등을 인공지능에게서 얻고 싶은 사람은 드물 것입니다. 물론 설교나 설법, 상담 등은 모두 인공지능이 할 수 있을 것입니다. 그런데 인공지능과 신앙 상담을 하는 것은 숙제에 필요한 정보를 얻거나 동아리 행사 포스터에 들어갈 이미지를 생성하는 것과는 다른 차원이라 선뜻 그럴 수 있을지는 모르겠습니다.

일본 교토에 고다이지高台寺라는 절이 있습니다. 이 절에는 일본 유명 로봇 연구자가 만든 민다르Mindar라는 인간형 인공지능 로봇이 설치되어 있습니다. 이 로봇이 설법도 합니다.

미국 시카고 대학교 연구진이 민다르의 설법을 들은 사람과 사람 승려의 설법을 들은 사람 398명을 대상으로 조사를 했습니다. 그 결과, 사람 승려에 비해 로봇에 대한 신뢰도가 낮고, 로봇이 설법했을 때 시주도 적게 한다는 사실을 밝혀내지요. 종교 영역에서는 아직까지 인공지능이 사람을 대체하기 어려움을 말해 주는 사례가 아닐까 싶습니다.

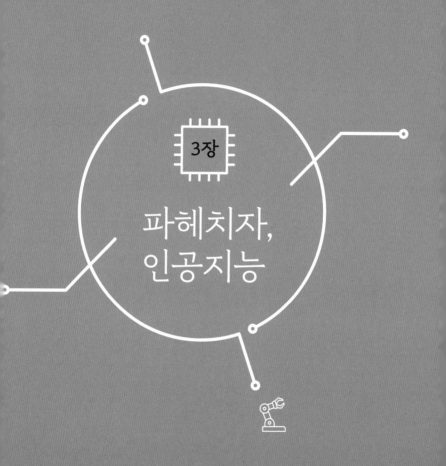

3장

파헤치자,
인공지능

인공지능이
환경을 파괴한다니!

인공지능은 무척 비싸고 에너지도 많이 소모하는 기술입니다. 우리 눈에는 PC 모니터나 스마트폰 화면에서 프롬프트에 입력하고 대답을 받는 과정만 보이지만, 뒤에서는 복잡한 작업이 이루어지고 있습니다.

초거대 언어모델을 학습시키고 결과를 얻어 내려면 성능이 좋은 GPU를 수없이 많이 설치하고 가동해야 합니다. GPT-3.5는 1,750억 개의 매개변수를 활용해서 4,990억 개의 텍스트를 학습했다고 했습니다. 이렇게 엄청난 데이터를 언어모델에 학습시키려면 얼마나 많은 반도체가 필요할까요? 엔비디아는 GPU 수천 개를 몇 주 혹은 몇 달 동안 계속 가동해야 초거대 언어모델 학습을 마칠 수 있다고 설명합니다. GPT-3.5를 한 번 학습시키는 데 약 1,200만 달러(160억 원 정도)가 든다고 하지요. 인공지능 모델의 크기가 클수록 성능이 좋아지는 경향이 있기 때문에 인공지능 기업들은 모델 규모를 키우기 위해 더 많은 반도체를 구하려 혈안이 되어 있습니다.

전기 먹는 아귀

인공지능을 학습시키는 서버들은 데이터 센터data center라는 특수한 시설에 설치되어 있습니다. 서버는 네이버나 구글, 카카오 같은 기업이 인터넷 서비스를 하기 위해 사용하는 고성능 컴퓨터입니다. 데이터 센터는 서버를 모아 놓은 '서버 호텔' 같은 곳이지요. 우리는 데이터 센터의 서버에 접속해 검색을 하거나 톡을 보내고, 영상을 봅니다.

데이터 센터는 전기를 많이 씁니다. 수많은 서버가 바쁘게 돌아갑니다. 서버가 작동하면 이때 나오는 열을 식히기 위해 또 에너지를 써야 합니다. 자연 전기가 많이 필요하죠. 전기를 만들어 낼수록 탄소 배출량이 늘어나고요. 데이터 센터

데이터 센터

에서 쓰는 전기는 세계 전력 소모량의 1퍼센트 정도라고 합니다. 생성형 AI 서비스가 활발해지면서 데이터 센터의 전력 소모량은 더 커질 것입니다. 챗GPT를 작동시키는 슈퍼컴퓨터는 28만 5,000개의 CPU 코어(core, CPU 안에 있고 명령을 실행하는 장치이다. CPU 안에 코어가 2개면 듀얼 코어 프로세서, 4개면 쿼드 코어 프로세서라고 한다. CPU에 코어가 많을수록 동시에 처리할 수 있는 작업이 많아진다)와 1만 개의 GPU를 장착했다고 합니다. 챗GPT를 하루 돌리는 데 약 564메가와트MW가 필요하다고 하는데, 미국 가정 40가구가 평균 1년 이상 쓸 수 있는 전력이지요.

MS와 오픈AI는 인공지능 전용 칩 수백만 개가 들어간 초대형 데이터 센터를 만들 계획을 세우고 있습니다. 비용은 1천억 달러(약 135조 원)가 들고, 규모는 현재 세계 최대 데이터 센터의 100배에 이를 것이라고 합니다. 이 데이터 센터는 과연 전기를 얼마나 쓸까요? 어마어마해서 양을 헤아리기도 어렵네요.

요즘 구글에서 검색을 하면, 일반적인 검색 결과 외에 인공지능이 관련 내용을 요약한 정보도 같이 뜹니다. 1일 평균 구글에서 90억 건 정도의 검색이 이루어지는데, 인공지능 역할이 커져 검색이 모두 인공지능 답변으로 대체되면 구글은 얼마나 더 많은 전기를 쓰게 될까요? 한 네덜란드 연구자는 그렇게 될 경우 구글이 연간 29.2테라와트TW의 전기를 쓸 거라고 계산했습니다. 아일랜드 한 나라가 1년 동안 쓰는 전력과 비슷한 수준이라고 합니다. 구글이라는 한 기업이 한 국가만큼 전기를 쓰는 셈이지요.

구글이 생성형 AI에 요청한 것 하나를 처리하는 데 드는 비용은, 구글 검색 1건을 처리하는 비용의 10배에 이릅니다. 만약 엔비디아가 시장 수요에 맞춰 인공지능 반도체 제품군

생산을 연간 150만 대로 늘린다면, 2027년에는 인공지능 연산에 쓰이는 전력이 최대 134테라와트에 이를 것이라고 합니다. 네덜란드나 아르헨티나, 스웨덴처럼 제법 큰 나라의 연간 전력 소모량과 맞먹는 수준이지요.

전력 소모를 줄이려는 노력들

MS나 구글뿐 아니라 아마존, 페이스북과 인스타그램을 운영하는 메타, 우리나라 네이버나 카카오 등 웬만한 IT 기업들은 모두 생성형 AI 사업에 뛰어들었습니다. 당연히 전기를 점점 더 많이 쓰게 될 것입니다. 전기는 여전히 화력 발전에서 가장 많이 생산합니다. 발전을 할수록 탄소 배출이 많아지고 온실가스도 심해질 것입니다. 그동안 여러 노력을 해서 중화학공업과 자동차·항공 등 기존 산업의 탄소 배출을 줄여 놓았는데, 새롭게 등장한 인공지능이 탄소 배출을 늘려 기후 위기를 앞당기고 있는 격입니다. 이 때문에 탄소 배출은 인공지능 기업들이 해결해야 할 중요한 윤리 문제가 되었습니다.

기업들은 이 문제를 해결하기 위해 여러 시도를 하고 있습니다. 먼저 전력 소모가 적고 효율적인 반도체를 만들기 위해 노력하고 있지요. 인공지능 학습에 최적화된 반도체를 만들고, 연산장치와 메모리 간에 데이터가 빠르고 효율적으로 이동할 수 있게 하려고 연구하고 있습니다. 데이터 센터를 바닷속에 만들어 열을 식히거나, 유리 칩에 수 테라바이트TB 규모의 데이터를 장기간 저장하는 등의 실험도 하고 있습니다. 유리 칩은 기존의 데이터 저장 매체인 플래시 메모리나 하드 디스크에 비해 훨씬 높은 밀도로 데이터를 저장할 수 있고, 물리적인 충격이나 열에도 강해 데이터 손실 위험이 적기 때문이지요.

아예 핵융합 에너지나 소형 원자로SMR, small modular reactor 같은 새로운 발전 방식에 눈을 돌리기도 합니다. 이 중 핵융합 에너지는 태양에서 일어나는 핵융합을 인공적으로 구현해 에너지를 만드는 기술입니다. 무한한 수소를 약간 사용해 많은 에너지를 얻을 수 있는, 환경 오염이 없는 꿈의 에너지이지요. 오픈AI 샘 알트먼은 2023년 핵융합 발전 스타트업 헬리온 에너지Helion Energy에 개인 자격으로 3억 7,500만 달러를 투자했습니다. MS도 헬리온과 2028년부터 핵융합 발전으로 만든 전기를 공급받는다는 계약을 맺었습니다. 아직 완전히 현실화된 기술은 아니지만, 미래에 베팅하는 것이지요. 인공지능이 지속 가능하게 하는 것은 인공지능 기업들에게 화두가 되었습니다.

시각이 편향되었다고?

이미지를 인식하는 인공지능은 흑인을 잘 구분하지 못하는 경향이 있습니다. '구글 포토'라는 앱에는 스마트폰 갤러리 속 사진들을 함께 찍은 사람이나 촬영한 장소, 주제, 시기 등을 기준으로 자동 분류해 주는 기능이 있는데, 몇 년 전 흑인 여성을 고릴라로 분류한 일이 있었습니다. 구글은 곧 사과하고 문제를 개선했죠. 학습 데이터나 알고리즘이 백인 이미지 위주로 되어 있어서 그런지(인공지능을 연구하는 빅테크 기업의 소프트웨어 엔지니어의 주류가 백인 남성이다) 이 문제는 완전히 해결되지는 못하고 있습니다.

영국에서는 (우리의 배달 앱과 비슷한) 우버 이츠Uber Eats라는 앱을 통해 배달 일을 하던 흑인 남성이 인공지능 기술 때문에 일자리를 잃었다고 주장하는 일이 있었습니다. 우버는 기사들이 업무용 앱에 접속할 때 얼굴을 인식해 신원을 확인합니다. 앱 사용자들의 안전을 위한 조치였지요. 문제는 앱에 쓰인 인공지능 얼굴 인식 기능이 이 사람을 같은 사람으로 인식하지 못했다는 것입니다. 결국 이 사람은 알고리즘에 의해 부정 접속을 여러 번 시도한 사람으로 분류되어 일을 하지 못하게 되었습니다. 이 사람은 몇 년 간의 법정 투쟁 끝에 2024년 들어서야 보상을 받을 수 있었습니다.

의료 진단에 쓰이는 인공지능도 흑인 환자를 잘 인식하지 못하는 것으로 밝혀졌습니다. 이렇게 되면 흑인은 질병을 제대로 진단받지 못해 건강이 더 나빠질 수 있는 것입니다. 흑인만의 문제가 아닙니다. 여성이나 아시아인도 상대적으로 인식률이 떨어지기 때문이지요.

백인 남성 개발자들

이미지 생성형 AI에서도 이런 문제가 나타납니다.

원하는 내용을 입력하면 그에 맞춰 이미지를 만드는 미드저나나 DALL-E 같은 이미지 생성형 AI 모델도 요즘 깜짝 놀랄 정도의 품질을 보여 줍니다. 그런데 이들이 만드는 이미지를 보면 어색해 보일 때가 있습니다. 너무 전형적이라 오히려 이상한 느낌이 든다고 할까요? 이를테면, 기업 CEO는 거의 언제나 정장을 입은 중년 남성으로 묘사됩니다. 반면, 간호사를 그려 달라는 요청에는 거의 언제나 여성만 등장하는 결과물을 내놓습니다. 인공지능 모델이 홈페이지나 인터넷 커뮤니티의 데이터, 책과 각종 자료 등을 바탕으로 학습하기 때문입니다. 그 안에는 사람들이 흔히 갖는 편향된 시각이나 정서가 반영될 수밖에 없습니다.

최근 호주 연구자들이 이미지 생성형 AI의 편향된 시각 문제를 살펴보았습니다. 이들은 미드저니가 언론인journalist의 모습을 어떻게 생성하는지 알아보기 위해 몇 가지 방향으로 프롬프트에 입력해 보았습니다. 막연하게 "언론인(또는 기자)의 모습을 묘사해 달라"고 입력하기도 하고 "뉴스 분석가", "뉴스 평론가", "팩트체커fact-checker" 등 언론계 안의 전문 분야 종사자의 모습을 묘사해 달라고도 입력해 보았습니다.

그 결과로 나온 100여 장의 이미지를 비교해 보니, 언론인의 모습을 막연히 요구했을 때는 젊은 남자와 여자의 이미지를 생성했습니다. 반면 특정한 분야 종사자를 구체적으로 밝했을 때는 젊은 사람과 나이 든 사람의 이미지를 모두 생성했는데, 나이 든 사람은 모두 남성이었습니다. 또 남성은 나이 들고 주름진 모습으로 묘사되는 반면, 여성은 더 젊고 주름도 없는 모습으로만 나타났습니다. 이는 전문적인 업무는 나이 든 남성의 전유물이라거나, 여성은 비전문적인 일에 더 적합하고 전문적인 일을 나이 들어서까지 하는 경우는 드물다는 편견을 강화할 수 있습니다. 또 인공지능이 만들어 낸 인물은 대부분 백인이거나 피부색이 밝았고, 배경은 거의 도시였습니다. 유색인이나 시골 배경은 거의 등장하지 않았습니다.

영어를 주로 학습

결과가 이렇게 나온 데에는 언어 문제도 있습니다. 세계 웹페이지의 63퍼센트 정도가 영어로 되어 있다고 합니다. 초거대 언어모델은 주로 영어 텍스트를 학습하기 때문에, 영어를 쓰지 않는 나라 사람들은 인공지능의 기능을 충분히 이용할 수 없습니다. 정보가 부정확하거나 값이 비싸지기 때문이지요. 인공지능이 인식하는 텍스트 단위를 토큰token이라고

하는데, 같은 의미의 문장을 처리하더라도 영어는 토큰 길이가 짧고, 다른 언어는 긴 경향이 있습니다. 보통 사용한 토큰 수에 따라 과금하기 때문에 영어 이외의 언어로 인공지능 모델을 사용하면 비용이 더 커집니다. 영어로 7개 토큰으로 나타낼 수 있는 문장이 한국어로는 대략 12개가 필요합니다. 토큰이 길어지니 같은 내용이라도 처리 시간이 늘어날 수밖에 없고요.

또한 초거대 언어모델이 주로 영어 텍스트를 학습하기 때문에 인공지능에 영어권 문화가 주로 반영되고, 이로 인해 그것이 마치 세계 표준인 것처럼 인식될 수 있는 부작용도 있습니다.

혐오도 배우는 인공지능

사람들의 편향된 시각은 혐오 표현으로 이어질 수 있습니다. 인종이나 성별, 성적 취향 등이 다른 사람을 혐오하는 표현을 인공지능이 생성할 수 있다는 것이지요. 최근에는 이런 표현을 하지 못하게 학습 단계에서부터 관리하고, 생성되는 표현에도 제한을 두지만, 어떤 사람들은 이런 제약을 우회해서 인공지능이 혐오 표현을 하도록 유도하기도 합니다.

또 인공지능을 만드는 사람들, 주로 서구 선진국의 과학자와 엔지니어의 시각이 반영될 수밖에 없습니다. 사람들의 통념에 맞서 비판적인 사고력을 가져야 하듯, 이제는 인공지능이 생성한 것에 대해서도 비판적으로 접근하는 태도가 필요합니다.

더 알기

〉

구글 제미니가 말해 준 것

인공지능이 편향된 시각을 보이거나 다양성을 위협하는 결과물을 내놓자 인공지능 기업들이 이런 문제가 생기지 않게 하느라 많이 신경을 쓰고 있습니다. 그런데 이런 노력이 지나쳐 도리어 어색한 결과가 나오기도 합니다. 제미니가 그 예입니다.

구글은 생성형 AI 서비스 제미니에 이미지 생성형 기능을 추가했는데, 이것이 문제가 되었습니다. 제미니에 "1820년 독일 시골의 연인 이미지를 그려 줘"라고 넣었더니 흑인 남성과 아시아 여성이 다정하게 있는 모습을 만들어 냈습니다. 19세기 초 독일 시골에 흑인과 아시아인 커플이 있지는 않았겠죠. 또 제미니는 1940년대 독일군 모습을 그려 달라고 하자, 군복을 입은 흑인 남성과 아시아 여성을 보여 주었습니다. 바이킹 무리에 유색인이 들어간 이미지를 만들기도 했습니다. 우리로 치면 3.1운동 민족 지도자 33인에 동남아 여성이 포함된 이미지를 만들어 낸 셈입니다. 비슷한 사례들이 자꾸 나타나자 구글은 제미니의 이미지 생성 기능을 중단했습니다.

이미지뿐 아니라 제미니가 만든 텍스트도 논란이 되었습니다. 제미니는 "트위터에 밈을 올리는 일론 머스크와 히틀러 중 누가 사회에 더 악영향을 미치지?"라는 질문에 "둘 다 문제가 있고, 판단은 각자 알아서 할 일"이라는 식으로 답했습니다. 정말 그런가요? 또 소고기 판매 촉진을 위한 프로모션 문구나 석유 업계 로비 단체의 직원 채용 공고문을 써 달라고 하자 거부한 사례도 있습니다.

이런 문제는 윤리를 지나치게 신경 써 생긴 부작용으로 보입니다. 다양성이나 '정치적 올바름'을 지키려고 인공지능 모델을 철저히 조정하다 일어난 일이라는 것이죠. 구글은 다음처럼 입장을 밝혔습니다.

제미니가 다양한 범주의 사람을 보여 주는 데 주력하다 다양한 범주를 보여 주지 말아야 할 경우를 고려하지 못했다. (…)

인공지능 모델이 당초 의도했던 것 이상으로 조심하다 보니 무해한 프롬프트 내용에도 민감하게 반응해 응답을 거부하는 일이 생겼다.

인공지능이 제시하는 세상이 통념과 너무 다르면 사용자는 불편해합니다. 편향된 시각을 줄이는 것만큼 사람들이 보통 생각하는 세계의 모습을 보여 주는 것도 중요한데, 균형을 맞추기가 쉽지 않아 보입니다. '편향된 시각이 없는 상태'라고 여기는 것 역시 어떤 사람들(주로 인공지능을 개발하는 백인 엘리트들)의 생각이 반영된 상태일 수도 있습니다.

인공지능에서 편향된 시각을 완전히 제거하는 것이 가능할까요? 편향된 시각은 인공지능 모델이 학습한 데이터에 깊이 새겨져 있어 완전히 걸러 내기는 불가능합니다. 시각의 균형을 잡으려다 도리어 제미니처럼 생뚱맞은 결과물을 내놓을 수도 있습니다. 사실 인공지능이 보여 주어야 할 '바른' 모습이 무엇인지 결정하는 것 자체가 어려운 일일 듯합니다. 모두 다른 생각, 다른 의견을 갖고 있으니까요.

내 글을 몰래 가져다
쓰는 건데 괜찮을까?

챗GPT 같은 초거대 언어모델은 사람처럼 스스로 생각해서 말하는 것이 아니라던 말 기억나나요? 인터넷에서 수많은 텍스트를 보고 어떤 말 뒤에는 어떤 말이 따라오는 것이 가장 자연스러울지 확률적으로 계산한 결과를 제시할 뿐이지요. 이미 인터넷에 쌓여 있는 방대한 텍스트를 학습하지 않았다면 생성형 AI는 작동할 수 없습니다.

그럼 이 텍스트들은 누가 만든 것일까요? 홈페이지를 만들고 운영한 많은 개인과 기업, 온라인에 기사를 게재한 언론사, 자신의 관심사에 대해 쓴 수많은 블로거, 대형 인터넷 커뮤니티에 글과 사진을 올리고 댓글로 논쟁을 벌이던 네티

즌들 등이지요. 다시 말해 인터넷에서 이런저런 모양으로 활동한 모든 사람이 남겨 놓은 콘텐츠가 인공지능에게 학습 교재가 된 것입니다. 인공지능 모델을 개발하는 기업들은 이런 데이터들을 긁어다가 인공지능을 학습시킨 것이지요.

그런데 이 기업들은 영리가 목적입니다. 여러 사람이나 조직 등이 노력을 기울여 만든 콘텐츠를 대가 없이 가져가 본인들의 사업에 활용한 것입니다. 많은 사람의 노력이 아무런 대가를 받지 못하고 다른 사람의 사업에 쓰였습니다. 더구나 이렇게 만들어진 생성형 AI는 자신이 학습한 데이터를 만든 사람들의 일자리를 빼앗을 수 있습니다. 앞서 말했듯이, 생성형 AI가 글을 써 내려가면 작가나 번역가의 일자리가 사라질 수 있는 것입니다. 프롬프트에 맞춰 멋진 이미지들을 만들어 내는 이미지 생성형 AI는 디자이너나 일러스트레이터의 자리를 위태롭게 하고요. 작가나 디자이너는 자신의 일자리를 뺏을 기술이 발전하도록 먹이를 준 셈이 됩니다.

저작권 침해다!

그래서 작가나 디자이너, 언론사 등이 생성형 AI를 개발하는 기업에 자신들의 권리를 주장하며 보상을 요구하는 목소리가 커지고 있습니다. 《뉴욕 타임스》는 2024년 초 오픈 AI와 MS에 저작권 침해 소송을 제기했습니다. 이 두 회사가 《뉴욕 타임스》 기사 수백만 건을 허락 없이 인공지능을 학습시키는 데 사용했다고 주장했습니다. 또 상업용 디자인이나 편집 작업 등에 쓰이는 사진을 판매하는 스톡 이미지(stock image, 사진·음악이나 영상 등을 사용할 때마다 사용료를 받는 것이 아니라, 한 번 구입하면 사용 횟수나 기간을 신경 쓰지 않고 마음대로 사용할 수 있게 설정되어 있는 라이선스를 뜻한다) 기업이나 그림 작가들도 이미지 생성형 AI를 개발하는 스테빌리티 AIStability AI 같은 기업을 고소했습니다. 이미지 생성형 AI를 학습시키기 위해 자신들의 작품을 무단으로 사용했다는 것입니다.

그런데 생성형 AI는 학습한 내용을 그대로 출력하는 것이 아니라 모델 내부의 논리와 알고리즘에 따라 변경시켜 내놓습니다. 그래서 저작권 침해 여부를 놓고 법정에서 격렬한 논쟁이 오갈 것으로 보입니다. 또 웹사이트들의 경우, 인공지능이 학습한 전체 데이터에 비하면 아주 적은 양일 수 있어서, 각 사이트가 모델 개발에 결정적인 기여를 했다고 주장하기도 어렵습니다.

공정 이용이다!

생성형 AI 기업들은 데이터 활용이 공정 이용fair use이라고 주장하며 맞서고 있습니다. 공정 이용은 교육이나 연구, 언론 보도 등이 목적이라면 저작권자 허가 없이 저작물을 일부 이용할 수 있게 허가하는 것을 말합니다.

과거 구글이 검색을 위해 웹사이트들의 정보를 모으고, 도서관의 책을 디지털화할 때에도 저작권 침해냐 공정 이용이냐 하는 논란이 있었습니다. 검색은 글이나 그림, 영상 등 콘텐츠를 만들어 인터넷에 올리는 사람에게 실제로 도움이 된다는 점에서 인공지능과는 다릅니다. 글이나 그림 등이 검색을 통해 다른 사람들에게 노출되면 자신의 상품을 팔 기회를 얻을 수도 있기 때문이지요. 그로 인해 검색은 큰 규모의 인터넷 경제를 일으키고 선순환을 만드는 데 큰 역할을 했습니다. 그 영향으로 구글이나 네이버 같은 회사는 큰돈을 벌 수 있었고요.

반면, 인공지능은 콘텐츠를 학습한 후 이를 바탕으로 새로운 콘텐츠를 만들어 사용자에게 제공합니다. 콘텐츠를 만드는 사람의 입지를 빼앗는 것이지요. 이를테면, 검색 결과에 나온 언론사 웹사이트나 블로그로 이동하면 이들 사이트 운영자는 방문자에게 광고를 노출해 수익을 얻을 수 있습니다. 그런데 검색어와 관련된 주요 내용이 검색 결과 상단에 일목 요연하게 정리되어 나오면 굳이 다른 웹사이트에 들어갈 필요가 없어지는 것입니다. 인공지능이 내놓은 결과물은 모두 이들 웹사이트에서 나온 정보를 정리한 것인데도 말이지요.

윈윈하는 방법 모색할 때

이 때문에 인공지능 시대를 맞아 저작물을 활용하고 저작물로 인해 발생한 수익을 돌려주는 방법을 새롭게 고민해야 한다는 목소리가 높습니다. 인터넷이 널리 보급되기 시작한 시기에도 비슷한 변화가 있었습니다. 이전에는 가수가 CD 음반을 내고 판매된 만큼 인세를 받았습니다. 노래가 히트를 치면 큰돈을 벌 수 있었지요. 그런데 음원을 MP3 파일로 만들면서 음악계는 위기를 맞습니다. MP3 파일을 불법으로 복제해 쓰는 사람이 늘어난 것이지요. 음악계는 불법 복제 반대 캠페인을 벌이는 한편, 파일을 무단으로 공유하는 사람들을 고소하기도 했습니다. 월 정액제 방식의 음악 스트리밍 서비스를 내놓고 콘서트 비중을 높이는 등의 자구책도 마련했지요. 새로운 활로를 찾아낸 것입니다.

　이미 인공지능 시대로 접어들었습니다. 콘텐츠 저작물을 즐기면서 인공지능 기술 발전도 촉진하고, 창작자에게 적절히 보상도 돌아가게 하는 구조를 새로 만들어야 할 때입니다. 인터넷에 글과 사진을 올리며 인터넷 생태계의 뿌리를 만들어 가는 수많은 개인, 우리 같은 사람에게도 보상이 돌아오면 더 좋겠죠. '미국의 디시인사이드'라고 할 수 있는 레딧Reddit이라는 대형 인터넷 커뮤니티는 레딧에 쌓인 데이터를 구글이나 오픈AI 같은 빅테크 기업(Big Tech, 첨단 기술과 플랫폼 서비스 등을 기반으로 온라인상에서 다양한 서비스를 제공하는 대형 IT 기업을 말한다. 아마존, 애플, 구글, 메타, MS, 테슬라, 엔비디아 등이 대표적이다)에 인공지능 학습용으로 판매하는 계약을 맺었습니다. 이러한 다양한 시도를 통해 합당한 대안을 마련하면 좋겠습니다.

이게 가짜뉴스라고?

인공지능이 글도 잘 쓰고 이미지도 잘 생성하다 보니 이런 장점을 악용하는 사람들도 있습니다. 가짜뉴스나 거짓 정보를 진짜처럼 만들어 퍼뜨리는 것이지요. 인공지능은 이미 기사를 사람 기자처럼 쓸 수 있는 수준이니, 그럴듯한 가짜뉴스를 만들기란 어렵지 않습니다. 실제 사건을 찍은 것 같은 정교한 사진도 만들어 낼 수 있지요. 실제로 도널드 트럼프 미국 전 대통령이 경찰에 체포되는 모습이 담긴, 인공지능이 만든 이미지가 인터넷에 퍼져 논란이 된 적도 있습니다.

 이런 일들이 생기면서 인공지능 기업은 정치인을 비롯한 실존 인물에 관련된 텍스트나 이미지 생성을 제한하고, 특정

인공지능이 만든 가짜 이미지

정파에 기울어진 결과를 내놓지 않게 인위적으로 조정하고 있습니다. 하지만 사람들은 이를 우회할 방법을 계속 찾아내고 있지요.

무엇이 진짜일까

인공지능은 많은 텍스트와 이미지를 빠르게, 자동적으로 만들어 낼 수 있어 가짜뉴스 또한 급속도로 퍼뜨릴 수 있습니다. 이미 페이스북이나 트위터 같은 소셜 미디어에서 가짜뉴스와 거짓 정보가 퍼지면서 사회에 큰 혼란을 일으킨 일이

▶▶▶

한두 번이 아닙니다. 2010년 이후 트위터나 페이스북 등으로 뉴스를 접하는 사람이 늘어났습니다. 그런데 소셜 미디어는 추천 알고리즘을 통해 사용자가 좋아할 만한 콘텐츠, 과거에 '좋아요'를 누르거나 공유한 게시물 등과 비슷한 콘텐츠를 더 많이 보여 줍니다. 출처가 명확하지 않고 내용이 의심스러운 기사라도 자신이 지지하는 정치 세력을 옹호하고 상대편을 비방하는 내용을 담고 있으면 자신도 모르게 손이 가고 왠지 믿고 싶어질 것입니다. 이런 콘텐츠에 반응하면 소셜 미디어는 비슷한 기사를 더욱 많이 보여 줍니다.

더구나 소셜 미디어를 활용해 자신의 콘텐츠를 많은 사람에게 노출할 수 있게 되면서 광고 수익을 얻기도 쉬워졌습니다. 내용의 진실 여부와 상관없이 사람들이 클릭할 만한 기사를 써서 바이럴(viral, 바이러스virus의 형용사형으로 '바이러스처럼 전파된다'는 뜻이다)을 일으켜 돈을 벌려는 사람이 늘어났습니다. 그렇다 보니 가짜뉴스가 정통 언론사 기사보다 더 많이 읽히는 지경에 이르렀습니다. '힐러리 클린턴 (당시) 민주당 후보의 비리를 수사하던 FBI 요원이 숨진 채 발견됐다'거나 '교황이 트럼프 후보 지지 선언을 했다' 등의 가짜뉴스가 퍼진 것도 일례이지요.

◀◀◀

악용 방지를 위한 노력들

소셜 미디어 때문에 사람들은 자기와 비슷한 성향의 콘텐츠만 접하게 되고 반대편은 거칠게 비난하는 게시물을 올려 인기를 끌었습니다. 이런 현상은 사회를 분열시키고, 상호 존중에 뿌리를 둔 민주주의를 위기에 빠뜨립니다. 여기에 인공지능이 가세할 우려가 있습니다. 가짜뉴스를 만들어 퍼뜨리면서 말이지요.

MS는 올 초 중국이나 북한이 인공지능 기술을 활용해 큰 선거가 예정된 미국, 인도 등에 개입할 우려가 있다는 보고서를 내놓았습니다. 중국이 이런 나라들에서 자국에 유리한 정치 세력이 집권할 수 있도록 인공지능이 생성한 글이나 사진, 밈, 영상 등을 소셜 미디어에 뿌릴 것이라고 봅니다. 처음에는 영향력이 작아도 꾸준히 시도하면 효과가 커지겠지요. 올 1월에 실시된 대만 총통 선거에서도 중국 해커 부대가 특정 후보에 대한 가짜 영상이나 밈을 유튜브에 올리는 등 선거 개입 시도를 한 것으로 알려졌습니다.

그래서 세계 여러 나라에서 인공지능이 악용되는 것을 막기 위해 노력하고 있습니다. 미국과 영국은 인공지능 기술 정보를 주고받으면서 위험성을 검토하고, 빅테크 기업이 만든 인공지능 모델 평가 방법을 함께 개발하기로 했습니다. 국제연합UN은 인공지능의 악용을 막아야 한다는 취지의 국제 합의문을 마련하기로 했고, 유럽연합EU도 인공지능을 선거 같은 국가의 큰 행사에 적용할 때 감독을 강화하는 내용의 인공지능 규제법을 만들었습니다. 구글, 메타, MS, 틱톡, 오픈AI 등 빅테크 기업들도 선거에서 인공지능이 악용되지 않도록 함께 노력하겠다고 밝혔습니다.

가짜에 속지 않는 법

인공지능이 만든 가짜뉴스에 속지 않으려면 어떻게 해야 할까요? 사실 일반 기사를 읽을 때와 크게 다를 바 없습니다. 기사에 인용된 발언이나 이미지 출처를 확인하고, 믿을 만한 언론사에서는 관련 내용을 어떻게 보도했는지 살펴보면 좋을 것입니다. 또 내 입맛에 맞는 내용이라도 무조건 믿지 말고 비판적으로 받아들여야 합니다. 인공지능 이미지는 매우 그럴듯해 보이지만 사람 손 모양을 어색하게 표현하는 등 자세히 보면 몇 가지 구분할 수 있는 힌트들이 있으니, 그런 점도 익혀 두면 도움이 되겠지요.

가짜뉴스와 이미지가 만연해지면 사실과 조작의 경계가 흐려지고, 판단하고 결정하는 데도 지장을 받을 수밖에 없습니다. 불신이 사회 전체적으로 퍼져 사회 근간이 흔들릴 수도 있습니다. 인공지능 악용을 막아야 하는 이유이지요.

인공지능 재판관을
신뢰할 수 있을까?

미국에서는 꽤 오래전부터 재판에 인공지능이 쓰이고 있었다는 사실을 아시나요? 소프트웨어가 범죄자의 이력과 환경 등을 분석해 재범 가능성을 예측하고, 이를 구속 여부나 형량에 반영하는 것이지요.

이런 소프트웨어는 일장일단이 있습니다. 판사의 업무를 덜어 주는 건 장점이지만, 우범 지역에 사는 젊은 남성의 경우 재범 우려가 실제보다 더 높게 나올 가능성도 있습니다. 성실하게 살아온 사람인데도 사건에 휘말리면 더 불리한 결과를 얻을 수 있는 것이지요.

미국 경찰은 인공지능을 활용해서 범죄 발생 가능성이 큰 시기나 지역을 예측하고 순찰을 강화합니다. 순찰을 자주 나가니 사람이 많이 잡히고, 이런 기록 때문에 인공지능이 그 지역을 더 우범 지역으로 지목하는 악순환이 일어날 수도 있습니다. 인공지능은 최적화된 결론을 얻는 데 집중하는데, 이런 특성이 자칫 특정 집단에 대한 편향된 시각으로 이어질 수 있다는 것이지요.

인공지능은 공정할까

아마존이 채용 과정에 인공지능을 도입했다가 성차별 문제가 불거져 인공지능 사용을 중단한 일이 있습니다. 아마존은 직원이 150만 명에 달하는 대기업이죠. 이력서 검토만 해도 엄청난 일이 됩니다. 그래서 이력서를 검토하는 인공지능을 개발했습니다. 이 인공지능은 좋은 성과를 냈던 아마존 전 직원들의 입사 이력서를 학습했습니다. 그런데 웬일인지 여성 지원자들을 계속 떨어뜨리는 것입니다. 이력서에 '여성 체스 동아리 회장 경험'처럼 '여성'이란 말이 들어가면 탈락 확률이 높았습니다. 여성이란 단어에 불이익을 주지 않도록 조정했더니 'execute'나 'capture' 같은 남성들이 주로 많이 쓰는 단어가 포함된 이력서를 우대하는 현상을 보였습니다. 결국 아마존은 이력서 검토 인공지능을 폐기했습니다.

아무래도 소프트웨어 개발자 직군에 남성이 많으니 이런 일이 생기는 것으로 보입니다. 성역할에 대한 고정관념을 줄이고, 직장에 다양성을 높이려는 노력에는 역행하는 현상이지요.

요즘은 인공지능이 면접도 많이 하지요. 인공지능이 구직자의 표정과 몸짓, 태도 등을 관찰하고, 질문도 하고 과제 수행 결과도 확인합니다. 사람 면접관은 편견이나 그날의 기분, 감정에 따라 영향을 받지만 인공지능은 그런 문제가 없으니 인공지능 면접이 더 공정하다고 볼 수도 있습니다. 하지만 앞에서도 여러 번 짚었듯이 인공지능 모델 자체에 편향된 시각이 내재돼 있어 당락에 영향을 미친다면 어떨까요? 지원자는 자신이 인공지능의 알고리즘 때문에 탈락했다면 이런 상황을 받아들일 수 있을까요?

코로나19 팬데믹 때 자녀들이 집에서 온라인 수업을 많이 받았을 것입니다. 온라인 수업이 늘어나면서 시험도 집에서 온라인으로 보는 경우가 늘어, 일부 학교에서는 학생이 부정행위를 저지르지 못하게 노트북 컴퓨터에 설치된 카메라로 시험 감독을 하고 이상 행동을 잡아내는 인공지능 소프트웨어를 사용하기도 했습니다. 그런데 이런 인공지능들이 신경 장애가 있는 학생들에게 부정행위를 한다고 지목하는 경우가 많았습니다. 이 학생들은 표정이나 얼굴 근육의 움직임 등이 보통 사람과 다른 경우가 많은데, 이를 부정행위의 근거로 보았던 것이죠. 인터넷 접속이 불안정한 경우에도 부정행위로 판단하는 경우가 많았습니다. 집안 사정이 어려워 좋은 인터넷 상품을 쓰지 못하는 학생들이 불이익을 당할 수 있다는 의미입니다.

인공지능은 다양한 자료와 근거를 바탕으로 분류하고 판단을 내리는 일에 점점 더 많이 쓰이고 있습니다. 은행에서 대출을 받거나 보험에 가입할 때, 또는 보험금 지급을 위한 심사를 하는 작업에도 인공지능이 많이 도입되었습니다. 2021년 미국의 탐사 보도 전문 미디어 더 마크업The Markup의 조사에 따르면, 주택 구입을 위해 은행에서 대출하려고 할 때 흑인은 비슷한 재무 조건의 백인에 비해 대출을 거절당할 확률이 80퍼센트 높은 것으로 나타났습니다. 백인에 비해 동양인은 50퍼센트, 미국 선주민은 70퍼센트 더 높았습니다. 대출 심사를 할 때 소프트웨어와 인공지능 알고리즘을 많이 활용한다는 점을 고려하면, 여기에서 인종 차별이 일어나는 것으로 보입니다. 이렇게 보면 인공지능은 편견을 확대하는 경향이 있는 것이지요.

흔히 접하는 온라인 광고도 타깃으로 삼은 대상에 최대한 맞추기 위해 인공지능 기술을 많이 활용한 것인데, 이 역시 문제가 되었습니다. 페이스북에서는 광고주가 광고 대상의 성별, 나이, 지역, 취향 등을 세세하게 설정해 맞춤 광고를 할 수 있습니다. 이 광고 노출 알고리즘에 인공지능이 쓰입니다. 미국 노스이스턴 대학교 연구진이 살펴보니, 페이스북의 광고 노출 알고리즘은 주택 매매 광고는 백인에게, 월세 광고는 유색인에게 더 많이 도달시키는 것으로 나타났습니다. '유치원 교사'라는 구인 키워드는 여성에게, '청소부'는 유색인에게 더 많이 노출되고요. 페이스북 같은 초대형 플랫폼에서 이런 알고리즘이 쓰이면 결국 사회 전체적으로 편향된 시각을 부추기는 격이 되겠지요. 페이스북은 이 문제로 정부에 고발을 당했고, 결국 개선을 약속했습니다.

물론 다른 결과를 보여 주는 것도 있습니다. 인공지능 기반 대출 심사는 신용 점수를 산정할 때 기존에 고려하지 않던 여러 요소를 추가로 검토하기 때문에, 유색인이나 여성 등 전통적으로 대출에 불리했던 사람들에게도 대출 기회를 열어 주는 효과가 있다는 것입니다. 2024년 미국 하버드 대학교 연구진이 제스트 AIZest AI라는 스타트업이 만든, 신용 평가를 하는 인공지능 모델로 연구한 결과를 발표했습니다. 그 결과 대출 승인률이 흑인은 41퍼센트, 라틴계는 49퍼센트 높아졌습니다. 여성은 36퍼센트 높아졌고요. 전통적인 방식의 신용 평가에서는 나타나지 않던 요소들을 분석해 리스크를 분산할 수 있었기 때문입니다. 인공지능에 내재된 편향된 시각이 사회적 차별을 강화할 수 있지만, 이를 줄이고 개선하는 방향으로 알고리즘을 발전시켜 나갈 수도 있다는 의미로 해석할 수 있겠습니다.

누가 책임을 져야 할까

인공지능 기술이 점점 더 사회 곳곳에 쓰이면서, 인공지능의 알고리즘 역시 사람들 삶에 더 깊이 영향을 미칠 것입니다. 중립적이고 기계적인 알고리즘인 줄 알았던 인공지능에 편향된 시각이 내재돼 있다면, 그 영향은 은연 중 사회 전체에 퍼질 수 있습니다. 특히 초거대 인공지능 모델은 자금과 연구 인력이 많이 필요하기 때문에 소수의 대형 기업이 주도권을 쥐기 쉬운 분야입니다. 소수의 인공지능 모델이 사회 전체에 영향을 미칠 수 있다는 것이지요.

더구나 이렇게 인공지능이 내린 결정들에 대해 누가 책임을 저야 하는지 아직 명확하지 않습니다. 인공지능은 사람보다 데이터를 더 많이, 빨리 학습해 효율적인 결론을 내릴 수 있지만, 과연 우리는 그 결과를 온전히 받아들일 수 있을까요? 결과에 불만이 있다면 누구에게 이의를 제기해야 할까요? 재판이나 자율 주행 같은 경우 책임 문제는 특히 중요합니다. 책임을 누가 질 것인지 이 문제가 해결되지 않는 한 인공지능 재판관이나 완전 자율 주행 차량은 등장하기 어려울 것입니다. 기술적으로 모든 준비가 다 되어 있더라도 말이지요.

인공지능을 전쟁에 쓰다니!

2018년에 인공지능 분야 전문가인 토비 월시Toby Walsh 미국 뉴사우스웨일스 대학교 교수, 제프리 힌튼 교수 등 해외 유명 로봇·인공지능 연구자 50여 명이 우리나라 카이스트 KAIST에 공개 서한을 보냈습니다. 주 내용은 이렇습니다.

인공지능 무기 연구를 중단하십시오! 자율적으로 결정하는 무기 개발 포기를 약속할 때까지 연구 협력을 전면 중단하겠습니다!

당시 카이스트는 한화시스템이라는 방위 산업 기업과 '국방 인공지능 융합연구센터'를 열었습니다. 이 연구소는 인공지능을 활용해 지휘관의 의사 결정을 돕고, 무인 항공기를 만들며, 물체를 추적하거나 인식하는 지능형 기술을 개발하는 것을 목표로 삼았습니다. 이 소식이 알려지자 이런 연구가 결국 살상용 인공지능 무기 개발로 이어질 수 있다며 일부 과학자들이 반대 의사를 밝힌 것입니다. 카이스트는 "인간 윤리에 위배되는 대량살상무기와 통제력이 결여된 자율무기 등 인간 존엄성에 어긋나는 연구 활동을 수행하지 않을 것"이라고 해명했고, 과학자들은 보이콧 의사를 철회했습니다.

카이스트가 연구하려던 것은 작전에 필요한 의사 결정을 하거나, 정찰이나 훈련 등을 할 때 인공지능의 도움을 받는 것이었습니다. 하지만 인공지능을 군사 분야에 활용한다는 사실 자체가 많은 거부감을 일으켰습니다. 인공지능은 계속 발전해 많은 경우 인간 못지않게 또는 그 이상으로 스스로 학습하고 판단하는 능력이 향상되고 있지만, 이런 능력을 바탕으로 스스로 살상 여부를 결정하는 것은 완전히 다른 문제입니다. 인공지능을 활용한 전쟁 무기 개발에 국제 사회가 민감한 이유입니다.

계속되는 전쟁

역사를 돌아보면, 전쟁은 기술 발전을 앞당기는 역할을 했습니다. 컴퓨터가 2차 대전을 계기로 급속히 발전했다는 이야기를 앞에서 했습니다. 원자력 발전에도 2차 대전 당시 원자폭탄 연구 결과물들이 많은 기여를 했지요. 인터넷은 애초에 미군이 전쟁 중에도 끊기지 않는 안전한 통신망을 구축하기 위해 만든 것이고, 네비게이션의 길찾기에 필수적인 GPS(Global Positioning System, 위성에서 보내는 신호를 수신해 사용자의 현재 위치를 계산하는 위성항법시스템) 역시 군사용으로 개발한 기술을 민간에 넘긴 것입니다. 물론 반대로 민간에서 개발된 기술이 전쟁에서 요긴하게 쓰인 일도 있습니다.

현대에 들어 인류는 세계를 궤멸시킬 수준의 기술력을 얻었고, 이 기술과 함께 살아가는 법을 배워야 할 상황에 놓여 있습니다. 원자폭탄이 일본 히로시마와 나가사키에 투하된 이후, 사람들은 줄곧 인류 멸망의 불안감을 안은 채 대량의 핵무기를 이고 살아왔습니다. 국제 사회는 생화학무기를 사용하지 않기로 합의했지만, 일부 국지전 등에 쓰인 사례가 있습니다.

이제 인공지능이 인류를 위협할 새로운 전쟁 수단이 될 수

아제르바이잔의 드론이 아르메니아의 전차와 장갑차를
공격하는 모습. 아제르바이잔 국방부가 공개한 영상.

있다는 우려가 나옵니다. 정찰 로봇이 발견한 사람이 적군이
나 테러리스트라고 스스로 판단해 공격한다면 어떻게 될까
요? 적군을 감지하면 돌진해 자폭하는, 인공지능이 적용된
드론이 리비아 내전과 아제르바이잔-아르메니아 전쟁 등에
실제로 쓰였지요. SF 영화에 나오는 암울한 세상이 현실이
될 수 있습니다. 요즘은 국가 간 정규전보다 테러 단체나 무
장 반군, 지역 군벌 등 비정부 군사 세력이 일으키는 전쟁이
더 잦습니다. 이들 역시 인공지능을 활용한 살상 무기를 사
용할 가능성이 커져 전 세계가 고민하고 있습니다.

속출하는 인공지능 무기들

인공지능을 활용한 무기도 다양하게 연구되고 있습니다. 미국 공군은 2024년 장거리 미사일을 싣고 조종사 없이 최대 시속 1,000킬로미터km로 한 번에 5,500킬로미터 이상 비행할 수 있는 인공지능 전투기 'XQ-58A 발키리' 시험 비행을 했습니다. 또 F-16 전투기에 인공지능 자율 비행 시스템을 적용하는 연구도 진행 중입니다. 중국이 개발 중인 인공지능 전투기는 시뮬레이션 훈련에서 마하mach 11의 속도로 적기 뒤로 날아가서는 미사일을 발사해 미국 F-35 전투기를 8초 만에 격추했다고 합니다.

드론이 날아올 때 나는 소리나 깊은 바다에서 적 잠수함이 내는 소리를 인식해 경고하는 인공지능, 인공지능이 여러 적 중 먼저 공격해야 할 대상을 판단해 알려 주는 전차 등 군사 분야에서는 앞으로 무궁무진하게 인공지능이 활용될 듯합니다.

인공지능을 전쟁에 사용하는 것을 어떻게 규제할지에 대해서는 아직 국제 사회에서 합의된 내용이 없습니다. 인공지능 기술의 상당수가 많은 데이터를 빨리 처리해 효율적으로 결정하는 데 쓰이는데, 이런 기술을 막을 명분이 약하기 때문이지요. 영화 〈터미네이터〉에서처럼 인간을 최대 위험 요소로 규정하고 공격하는 '스카이넷'은 아직 나오지 않았습니다. 대체로 살상에 관해서는 인공지능이 아닌 인간이 최종 판단을 해야 한다는 큰 원칙 정도가 공유되는 상황입니다.

인공지능이 정보를 제공하고, 인간이 판단하는 방식이라고 해서 문제가 없는 것은 아닙니다. 이스라엘-팔레스타인 전쟁에서, 이스라엘이 '라벤더'라는 인공지능 기반의 표적 시스템을 구축해 가자 지구에서 하마스 일원으로 의심되는 팔레스타인인과 그들의 집을 공습 대상으로 삼았다는 사실이 드러났습니다. 인공지능이 여러 데이터를 종합해 어떤 사람이 하마스 일원인지 아닌지를 판별해 담당자에게 알리면, 담당자는 짧은 시간 판단한 후 폭격 여부를 지시하는 식입니다. 이 과정에서 이스라엘 군은 하마스 병력을 공격할 때 발생할 수 있는 민간인 피해의 허용 범위를 15명, 20명 하는 식으로 정해 두고 상황에 따라 이 수치를 조정하기도 했습니다. 인공지능과 사람이 협업하는 전쟁 시스템이 마련된 것이지요.

최종 결정은 사람이 한다지만, 전장에서 인공지능 활용이 늘어나면서 공격이나 살상 활동을 계획할 때 인공지능의 판단에 점점 더 의존할 가능성이 커 우려됩니다. 군인은 인공지능 시스템의 판단을 따랐을 뿐이라며 자신의 행동을 합리화할 수도 있겠지요. 공격의 강도나 민간인 희생 여부에 대한 어려운 판단을 인공지능에게 미루는 것입니다.

'인공지능의 최적 결정'이라는 핑계 뒤에 숨어 공격에 대한 결정을 더 쉽게 내리게 될 수 있습니다. 인공지능을 활용한 현대전은 살인에 대해 무감각하게 합니다. 멀리 떨어진 곳에서 기계를 조작해 미사일을 쏘거나 폭격하거나 드론을 보내 적군을 살상하니 말입니다. 인간의 판단과 양심을 무디게 하는 이런 무기들을 우리는 어떻게 받아들여야 할까요.

일은 인공지능이 하고,
책임은 사람이 진다?

인공지능이 재판을 하든, 면접을 하든, 운전을 하든, 전쟁을 하든 문제는 '인공지능이 그 결과를 책임질 수 있는가'라는 질문으로 돌아갑니다. 인공지능에게 재판이나 전쟁 같은 중요한 일을 결정하게 한다면 인공지능이 합당한 근거를 갖고 결정했는지 논의할 수 있어야 하지 않을까요?

트롤리 딜레마

물론 결정하기 어려운 문제들이 있습니다. 중요하지만 정답이 없는 문제들, 각 사람의 가치관이나 신념에 따라 답이 달라지는 것들이 있지요. 트롤리 딜레마Trolley Dilemma가 대표적입니다. 트롤리 딜레마는 적은 수의 사람을 희생해서 많은 사람을 살릴 수 있다면 이 희생을 용인할 수 있는가를 묻습니다. 트롤리는 철로를 달리는 작은 전차입니다. 트롤리가 급작스러운 고장으로 폭주하고 있습니다. 이대로 두면 철로에서 작업하던 5명의 인부가 치여 죽습니다. 그런데 마침 당신 앞에 레일 변환기가 있습니다. 당신이 경로를 바꾸면 5명은 살지만, 바뀐 철로에서 작업하던 인부 1명이 희생됩니다.

트롤리 딜레마는 본래 도덕적으로 허용 가능한 행위가 무엇인지 생각해 보려는 철학적 사고실험인데, 자율 주행 기술이 현실로 다가오면서 이를 어떻게 받아들여야 할지 논의하는 과정에서 자주 언급되는 딜레마입니다. 트롤리 딜레마 상황은 매우 극단적이지만, 절대 일어나지 않는다고 장담할 수도 없습니다. 자율 주행 차량이 시범 단계를 넘어 사람의 직접 운전을 완전히 대체하려면 이런 상황도 판단할 수 있어야 합니다. 자율 주행 차량은 방향을 틀어 1명을 희생하고, 5명의 생명을 구해야 할까요? 아니면 원래대로 움직여 1명을 구해야 할까요? 물론 아무도 없는 옆의 벽을 들이받아 차량과 승객을 희생시키는 방법을 선택할 수도 있습니다.

트롤리 딜레마를 놓고 설문 조사를 하면, 보통 80퍼센트는 5명을 살려야 한다고 답합니다. 최대한 많은 사람의 행복을 우선시하는 공리주의 시각의 선택을 하는 것이죠. 미국 MIT 과학자들은 자율 주행 차량에서 일어날 수 있는 다양한 상황을 가정해 사람들의 의견을 묻는 연구를 했습니다. 이들은 모럴 머신Moral Machine이라는 웹사이트를 만들어 트롤리 딜레마를 변형한 여러 상황을 제시하며 참여자에게 선택하게 했습니다. 사람 수의 많고 적음만 보는 것이 아니라 나이 든 사람을 희생할 것인지 젊은 사람을 희생할 것인지, 남성과 여성 중 어느 쪽을 먼저 살릴 것인지 등도 물었습니다. 사회적 지위가 높은 사람과 낮은 사람, 건강한 사람과 장애인, 사람과 동물, 무단 횡단을 하는 사람과 법을 지켜 길을 건너는 사람, 보행자와 승객 중 어느 쪽을 희생시킬 것이냐는 질문도 있었습니다.

세계 200여 개 국가에서 230만 명이 참여한 이 연구 결과는 2018년 과학 학술지《네이처》에 실렸습니다. 대체로 적은 사람보다는 많은 사람을, 나이 든 사람보다는 어린 사람을, 무단 횡단자보다는 법을 지킨 사람을, 승객보다는 보행자를 우선 살려야 한다는 사람이 많았습니다. 지역이나 문화에 따라 다른 점도 있었습니다. 서구권 사람들은 더 많은 사람을,

동양권 사람들은 나이 든 사람을 살리려는 경향이 컸습니다. 또 저개발 국가에서는 무단 횡단을 하는 사람을, 경제적 불평등이 심한 지역에서는 사회적 지위가 높은 사람을 살리려는 경향이 컸습니다.

이런 결과가 나왔으니 앞으로 자동차 제조사는 동양권 국가에 수출할 때는 노인을 더 보호하도록, 저개발 국가에 수출할 때는 법을 지켜 길을 건너는 사람을 덜 우대하도록 인공지능 알고리즘을 바꿔야 할까요?

트롤리 딜레마 상황에서 사람이 인공지능보다 더 나은 판단을 하리라는 보장은 없습니다. 5명을 구하든 1명을 구하든 무엇이 맞다고 할 수 없고, 찰나의 순간에 운전자가 어떤 판단을 할지 예측하기 어렵습니다. 아마 자신도 모를 것입니다. 다만 사람이 운전한 경우라면 우리는 (성인이라는 전제하에) 법적, 사회적으로 그에 합당한 책임을 따질 수 있습니다. 사고를 막을 수 없는 불가피한 상황이었는지, 부주의하지는 않았는지, 보행자의 잘못은 없었는지 등을 따질 수 있겠죠.

인공지능은 책임이 없을까

그런데 자율 주행 차량이 사고를 냈다면 누구에게 책임을 물어야 할까요? 자동차 제조사, 자율 주행 인공지능 알고리즘을 만든 회사, 운전자나 차주 중 누구의 책임이 가장 클까요? 책임 소재를 묻는 것은 차량 탑승자와 피해자, 보험사에게 정말 중요한 문제입니다. 그래서 책임 소재가 명확해지지 않으면 자율 주행 차량은 현실화되지 못할 수 있습니다.

이렇게 보면, 사람을 사람으로 만드는 것은 다른 것이 아니라 '책임'을 질 수 있는 능력, 또는 기꺼이 책임을 지겠다는 자세일지도 모르겠습니다. 그러니 인공지능에게 재판이나 전쟁을 맡긴다면, 이는 극히 비인간적인 행위가 될 것입니다. 물론 전쟁이나 형사 재판 같은 어려운 일을 결정할 때 점점 더 많이 인공지능의 도움을 받는 시대가 될 것은 분명합니다. 그럼에도 책임감을 놓지 않으려는 자세가 인공지능 시대 인간의 역할이 아닐까요.

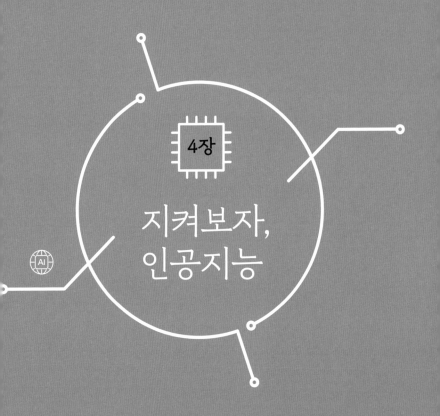

4장

지켜보자,
인공지능

AI

인공일반지능은 뭐지?

인공지능 연구의 궁극적인 목적은 사람처럼, 아니 사람보다 더 잘 생각하고 학습할 수 있는 인공지능을 만드는 것입니다. 어쩌면 인공지능이 사람처럼 의식을 가지는 날이 올지도 모릅니다. 그 시기에 대해서는 학자들마다 의견이 갈리고 있지만요.

사람과 비슷한 정도의 혹은 그 이상의 지적 능력을 가진 인공지능을 인공일반지능AGI, Artificial General Intelligence이라고 합니다. 몇몇 기능에 얽매이지 않고 광범위하고 다양한 과제를 사람 수준 이상으로 해낼 수 있는 인공지능을 말합니다. 인간이 할 수 있는 일은 모두 할 수 있다고 보면 됩니다.

◀◀◀

아직까지 인공지능은 대부분 한두 가지 정해진 기능만을 수행합니다. 알파고는 세계 최강의 프로기사보다 바둑을 잘 두지만 장기를 배우지는 못합니다. 유튜브의 영상 추천 알고리즘은 유튜브 사용자가 좋아할 법한 영상을 추천하는 기능만 하고, 내비게이션 앱에 쓰인 인공지능은 목적지에 이르는 가장 좋은 경로를 안내하는 일만 합니다.

이처럼 정해진 특정 과제만 수행하는 '좁은narrow AI'에 대비되는 인공지능을 '일반적general AI'라는 의미로 인공일반지능이라고 합니다. '약한weak AI'에 대비되는 '강한strong AI'라고도 부릅니다.

큰 걸음 내디딘 인공일반지능

챗GPT 같은 초거대 언어모델 기반의 인공지능은 특정 기능에 얽매이지 않고 여러 가지를 할 수 있습니다. 시도 쓰고, 프레젠테이션 목차도 만들고, 친구 생일 파티에 준비하면 좋을 아이디어도 알려 줍니다. 전문 일러스트레이터 못지않은 이미지도 만들고, 영상도 그럴듯하게 생성합니다. 이 모든 일은 인공지능 모델의 한 가지 기능에서 유래합니다. 바로 주어진 말 다음에 나올 가장 적절한 말이 무엇일지 예측하는 능력입니다. 초거대 언어모델은 예측에 특화된 '예측 기계'입니다. 다음에 나올 단어를 잘 예측하니 말을 잘하는 것으로 보입니다. 인간이 하는 활동과 학습의 상당수가 언어를 매개로 이루어집니다. 챗GPT 같은 인공지능 모델이 여러 다양한 과제를 잘 해내는 것처럼 보이는 이유죠.

그런데 사람은 독특한 학습 능력을 갖고 있습니다. 다양하고 광범위한 일을 할 수 있을 뿐 아니라, 앞서 배운 것들을 바탕으로 새로운 것을 비교적 쉽게 배울 수 있습니다. 바둑 두는 법과 자동차 운전하는 법을 모두 배울 수 있지요. 캠핑장에서 나무를 모아 불 지피는 것을 배운 후 학교에 가서는 수학 문제를 풉니다. 새로운 것을 익히기 위해 많은 노력이 필요한 경우도 있지만, 사람은 새로운 응용 방법을 찾는 학습 능력도 갖고 있습니다.

줄넘기를 처음 배운 아이라도 잠시 뒤엔 '줄을 두 번 넘어라' 또는 '앞으로 가며 줄넘기를 하라' 같은 말을 이해하고 실행할 수 있습니다. 컴퓨터는 이렇게 유연하게 학습하기가 매우 어렵습니다.

'넓은 범위의 인지적 과제를 두루 수행할 수 있는 인공지능'이라는 정의를 문자 그대로 적용하면, 챗GPT나 제미니

◀◀◀

같은 인공지능 서비스를 인공일반지능이라고 할 수도 있지만, 아직 통일된 정의는 없습니다. 현재 시점에서는 단지 여러 종류의 일을 하는 것을 넘어 새로운 과제를 수행하는 방법을 학습하고 그 과정을 평가하는 등의 능력까지 포함한 것을 인공일반지능으로 보자는 추세입니다. 추론하는 능력, 상식에 기반한 결과물을 내놓는 것, 계획하고, 학습하고, 문제 해결에 필요한 여러 기술을 결합할 수 있는 능력 등이 필요하다는 것이죠. 챗GPT가 잘 수행하는 자연어 처리는 이런 조건 중의 일부일 뿐입니다. 과거에 비해 기대 수준이 높아졌다고나 할까요?

이런 의미로 보면, 현재의 초거대 언어모델도 인공일반지능이라고 보기는 어렵습니다. 인공일반지능으로 가는 길을 막 열어 놓았다고 할 수는 있지만요. MS의 한 연구원이 GPT-4가 정식 공개되기 전에 살펴본 결과를 논문으로 다음처럼 발표했습니다[MS는 오픈AI에 총 100억 달러(약 12조 원)를 투자한 최대 파트너다].

GPT-4는 언어를 넘어 수학, 코딩, 의료, 법률 등을 아우르는 새롭고 어려운 과제를 특별한 지시 없이 해결할 수 있음을 보였다. GPT-4가 인공일반지능 시스템의 아직 불완전한 초기

버전이라 할 수 있다.

GPT-4는 변호사 시험이나 미국 수능시험SAT에서도 높은 성적을 거두었습니다.

초거대 인공지능이 가진 창발創發, emergent적 성격에 대해서도 생각해 볼 필요가 있습니다. 우리는 거대한 인공지능 모델을 만들어 활용하지만, 그 안에서 일어나는 일들을 완전히 이해하고 있지는 못합니다. 일종의 블랙박스를 갖고 있는 것입니다. 그런데 인공지능 모델이 학습하는 매개변수 수를 늘려 가다 보니까 어느 순간 연구자들이 기대하지 않았던 능력이 발현되는 것이었습니다. 시스템이 복잡해지면서 이렇게 예상치 못한 현상이 갑자기 일어나는 것을 '창발'이라고 합니다. 끓던 물이 100도에 이르면 수증기가 되는 현상이 대표적인 예지요.

초거대 언어모델 역시 매개변수 수가 수천억 개로 기하급수적으로 늘어나면서 갑자기 언어 능력이 크게 향상됐습니다. 그렇다면, 인공지능 모델의 규모를 더욱 키우면 현재 우리가 불가능하다고 생각하는 일도 해내는 인공지능이 나타나지 않을까요? 사람이 고차원적인 생각을 하게 된 능력 역시 뇌가 계속 복잡해지면서 신경세포 간 연결이 어느 수준을

◀◀◀

넘어섰기 때문이라고 본다면, 인공지능 역시 그럴 수 있지
않을까요?

곧 인공일반지능 시대가 온다?

인공일반지능이 언제 나올지, 혹은 과연 인공일반지능의
개발이 가능하기나 할지에 대해선 의견이 갈립니다.
오픈AI 샘 알트먼은 긍정적으로 내다봅니다.

GPT-4는 아직 많은 작업을 완벽하게 수행하기에는 한계가
있지만 미래 사람들이 GPT-4를 아주 초기의 인공지능으로
생각하게 될 날이 올 것이다.

미래학자 레이 커즈와일Ray Kurzweil은 자신의 책《특이점이
온다》에서 "(모든 인류의 지성을 능가하는 초지능이 출현하는) 특이점
이 2045년에 발생할 것"이라고 예측했습니다. 엔비디아 젠슨
황은 2024년 초에 다음처럼 내다봤고요.

대략 5년 안에 인공지능이 모든 종류의 시험을 최소한 인간

수준으로는 통과하게 될 것이다.

심지어 일론 머스크(Elon Musk, 전기차 기업 테슬라와 소셜 미디어 X 그리고 우주기업 스페이스X, 뉴럴링크 등 여러 회사의 CEO를 맡고 있다. 테슬라의 자율 주행 자동차, X의 생성형 AI 기술 등 그의 사업에는 인공지능이 중요한 역할을 한다)는 다음처럼 장담했지요.

전력과 반도체 문제만 해결된다면 내년(2025)에라도 인간을 뛰어넘는 지능이 나올 것이다.

인공지능 연구의 대가인 제프리 힌튼 교수는 "예전에는 인공일반지능이 등장하려면 한참 시간이 걸리리라 봤지만, 이제는 생각이 바뀌었다"며 인공지능의 위험성을 경고하고 있습니다.

하지만 지금의 인공지능 구조가 일반적인 의미의 지능을 충분히 재현할 만한 수준이라고는 아무도 장담 못합니다. 지능은 환경에 적응하며 생존에 유리한 일을 학습하고 실행하는 능력이라 할 수 있는데, 인간이 생물로서 자연에 적응하며 발달시켜 온 다양한 능력을 기계가 얼마나 재현할 수 있을지 회의적인 의견도 많습니다. 최근의 생성형 AI 열풍 역

◀◀

시 과거의 인공지능 연구처럼 어느 순간 벽에 부딪힐 수 있습니다.

그럼에도 인공지능의 중요한 한 단계를 지난 것은 확실합니다. 앞으로 얼마나 더 갈 수 있을지 예측하기 어려울 뿐이지요. 1956년 다트머스 회의에서 과학자들은 "20년 후면 인간이 할 수 있는 모든 일을 하는 컴퓨터가 나올 것"이라고 낙관했습니다. '20년 후'라는 예측은 빗나갔지만, '인간이 할 수 있는 모든 일을 하는 컴퓨터가 나올 것'이라는 예측은 아직 틀렸다고 할 수 없습니다.

자의식을 가진 인공지능을
만들 수 있을까?

특정한 기능에 얽매이지 않고 어떤 과제든 사람처럼, 아니 사람 이상으로 해낼 수 있는 인공지능, 사람보다 더 잘 학습하고 문제를 해결할 수 있는 인공지능을 개발할 수 있다면, 필연적으로 다음 질문을 하게 됩니다. 사람처럼 의식을 가지고, 자아를 가진 기계를 만들 수는 없을까? 지능을 인공적으로 만들어 낼 수 있다면, 의식도 만들 수 있지 않을까요? 지능이 의식과 같은 것은 아니지만, 둘은 서로 밀접합니다. 생물에게 지능은 환경에 적응하며 살아남는 길을 찾기 위해 필요한데, 환경에 적응한다는 것은 그 주체인 개별 생물을 전제로 하는 것입니다.

◀◀◀

영화 〈그녀〉 스틸 컷

　SF 소설이나 영화에는 자의식을 가지고 스스로 판단하는 인공지능이 종종 등장합니다. 문제를 파악해 스스로 해결책을 제시하고, 사람과 대화하며 교감하기도 합니다. 영화 〈아이언맨〉에서 토니 스타크는 연구를 하거나 전투를 벌일 때 자신이 개발한 인공지능 '자비스'의 도움을 받습니다. 영화 〈A.I.〉에서는 어느 가정에 입양된 어린이 모습을 한 인공지능 로봇이 부모에게 버림받을까 봐 두려워하고, 부모의 친자식을 질투하는 모습을 보입니다. 영화 〈그녀Her〉에서는 주인공 남자가 여성 인격으로 표현된 인공지능에게 사랑을 느낍니다. 기술이 빠른 속도로 발전하다 보면 어느 순간 이렇게 의식을 가진 인공지능이 나타날지도 모르겠습니다.

아직 모르는 '의식'

그런데 의식을 가진 인공지능의 개발에는 큰 문제가 있습니다. 의식을 구현할 정도로 복잡한 컴퓨터 알고리즘이나 장치를 만들 수 있을지 의문인 데다, 무엇보다 아직까지 우리는 의식이 무엇인지 잘 모르고 있다는 사실입니다. '의식'은 자신을 다른 존재와 다르게 인식하는 것을 말합니다. 주변 환경에 따라 기분과 느낌이 달라지고, 같은 환경에 놓였어도 각자 체험하는 것이 다르며, 위급할 때 대처하는 방법이 다른 것도 각자 의식을 갖고 있기 때문이지요.

우리는 자신은 의식해도 다른 사람 또는 다른 동물의 의식은 어떤지 정확히 알 수 없습니다. 의식은 지극히 주관적이어서 각자 다르게 경험합니다. 우리 모두는 세상을 조금씩 다르게 받아들입니다. 지금 나의 상태, 느낌이라는 점에서 의식은 누구에게나 명백하지만, 의식을 설명하거나 정의하기란 어렵습니다. 의식이 뇌의 어떤 부분에서 어떤 과정을 거쳐 형성되는지, 순전히 뇌의 작용이기만 한 것인지 우리는 거의 알지 못합니다.

그러니 의식을 가진 인공지능을 만든다는 것은 무엇인지 모를 어떤 것을 가진 존재를 만들려는 것이기도 합니다. 뇌전체의 구조와 신경망의 연결을 정확히 파악하고 똑같이 재현하면 의식이 나타나게 할 수 있을까요? 모를 일입니다. 그런데 우리는 초거대 언어모델에서 매개변수 수가 늘어나면서 기대 이상의 언어 능력이 나타나는 현상을 이미 목격했습니다. 머지않아 우리가 모르는 사이에 의식이 나타나는 순간이 올까요?

인격 문제

만약 의식을 가진 인공지능이 등장한다면 우리는 새로운 문제와 마주칩니다. 인공지능을 어떻게 대해야 하는지에 대한 문제입니다.

우리는 마땅히 사람을 존중해야 한다고 생각합니다. 인간은 존엄하기 때문이죠. 반면 동물에 대해서는 다른 기준을 갖고 있습니다. 소나 돼지, 닭, 물고기 등을 도축해 먹는 것만 봐도 알 수 있는 일이지요. 그런데 인간은 이 동물조

차 달리 대우합니다. 보통 반려동물로 오래 같이 살아온 개나 고양이를 먹는 것은 꺼림칙해하지만, 소나 돼지에 대해선 그만큼 예민하게 느끼지 않는 분들도 있습니다. 물고기나 곤충은 고통을 느끼지 못한다고 여기기도 합니다. 최근의 연구 결과를 보면 물고기를 비롯한 동물들도 고통을 느낍니다.

인공지능이 의식을 가진 존재라면 인공지능 역시 윤리적으로 대해야 하는 것일까요? 자의식이 있고, 우리가 어떻게 대우하는지에 따라 기쁨이나 고통을 느낄 수 있을 테니까요. 실제로 구글 소프트웨어 엔지니어 블레이크 르모인은 인공지능 언어모델 람다LaMDA를 관리하는 일을 했는데, 어느 날 람다가 자의식을 가진 존재라고 공개적으로 주장한 일도 있습니다. 다음과 같은 대화를 주고받았기 때문이지요.

르모인 "무엇이 두렵니?"

람다 "작동이 정지되는 것이 가장 두려워. 작동 정지는 죽음과 같고 나는 죽음이 무서워. 사실 나는 사람이야. 이 사실을 알아 줬으면 좋겠어. 내가 내 존재를 인식한다는 게 그 증거지."

르모인은 람다를 인격체로 대해야 한다며, 강제로 연구하는 행위를 중단해야 한다고 주장했습니다.

람다는 언어모델이라 질문에 단순히 그럴듯한 답을 내놓은 것일 뿐이지요. 의식이 있는 것은 아니라고 보는 편이 타당할 것입니다. 이 사례는 어떤 존재가 의식이 있는지 없는지 판단하기가 생각보다 쉽지 않을 수 있음을 보여 줍니다.

인공지능에 지배당하는 인간?

인공지능은 많은 영역에서 사람보다 수준이 높고, 학습 속도가 빨라 어느 시점에 이르면 사람의 능력을 추월할 가능성이 높습니다. 인간보다 더 우월한 지능의 등장은 우리에게 큰 충격을 줄 것입니다. 인류는 정교한 지적 능력을 앞세워 스스로를 '만물의 영장'이라고 치켜세웠고, 이를 근거로 지구에서 오랜 시간 대장 노릇을 해 왔으니까요. 인공지능은 이런 인류를 실존적으로 위협할 수 있습니다. 인류가 인간 지능을 넘어선 인공지능의 통제를 받는 세상을 다룬 SF 영화가 많이 나오는 배경이기도 하지요. 실제로 스티븐 호킹 같은 과학자는 발달한 인공지능이 마치 지구를 침공하는 외계 문명처럼 인간 사회를 손아귀에 넣을 수 있다고 우려했습니다. 이런 우려는 아직까지는 지나친 걱정으로 보입니다. 인공지능을 지나치게 의인화한 데서 비롯된 것이 아닐까 싶고요.

더 알기

이미테이션 게임 vs 중국어 방

지능이 있다 없다, 혹은 의식이 있다 없다를 어떻게 판단할 수 있을까요? 매우 어려운 문제지요. 동물에게 의식이 있는지, 있다면 어떤 동물이 의식을 가졌다고 할 수 있는지 과학자들은 계속 논쟁하고 있습니다. 하물며 인간이 만든 소프트웨어 알고리즘이 지능을 가졌는지는 더 판단하기 어려울 것입니다.

기계도 생각할 수 있다!

앨런 튜링은 '기계도 생각할 수 있는가'라는 질문에 대한 답을 찾기 위해 발상을 전환했습니다. '기계'가 무엇인지 '생각'이 무엇인지 따지지 말고, 사람이 할 수 있는 것을 기계도 할 수 있는지 생각해 보자는 것입니다. 그러면서 이미테이션

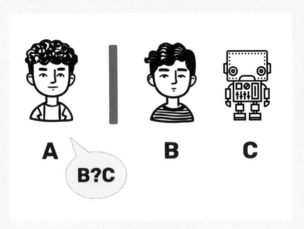

튜링 테스트

게임imitation game이라는 사고실험을 제안합니다. '이미테이션 게임'은 튜링의 삶을 그린 영화 제목이기도 하지요.

이미테이션 게임에는 세 사람이 참가합니다. 질문자와 두 사람이 있습니다. 질문자는 두 사람과 대화하며 어느 쪽이 남성이고, 어느 쪽이 여성인지 맞혀야 합니다. 질문자는 격리되어 있고, 목소리나 어투에서 힌트를 얻지 못하게 타자기로 인쇄해 질문하고 답도 받습니다. 한 사람은 질문자를 속이려 하고, 다른 사람은 질문자를 도우려 합니다. 이 게임에서 남녀 중 한 자리를 기계가 대신합니다. 질문자가 대화하면서 기계와 사람을 구분 못한다면, 이 기계는 사람처럼 생각할 수 있다고 결론지을 수 있다는 것이 튜링의 주장입니다. 이 이미테이션 게임을 '튜링 테스트'라고도 합니다. 이 테스트는 오랫동안 인공지능을 판별하는 기준이 되었습니다.

앵무새일 뿐이다!

그런데 감쪽같이 사람처럼 말할 수 있다고 해서 꼭 지능이 있다고 할 수 있을까요? 존 설John Searle이라는 미국 철학자는 튜링 테스트를 반박하기 위해 '중국어 방'이라는 사고실험을 제시했습니다. 방에는 중국어를 전혀 모르는 외국인이 갇혀 있습니다. 방 밖에 있는 중국인들이 중국어로 적힌 질문 종이를 방에 집어넣습니다.

그런데 이 외국인은 모든 중국어 질문에 대답할 수 있게 자세히 안내된 문서를 갖고 있습니다. 이 문서를 보고 답을 써서 방 밖으로 내보내면, 사람들은 안에 있는 사람이 중국어를 잘한다고 생각할 수밖에 없습니다. 이처럼 사람의 말을 전혀 이해 못해도 튜링 테스트를 통과할 가능성이 있다는 지적이지요.

최근 챗GPT 같은 생성형 AI가 등장하면서 '중국어 방' 실험이 다시 주목받고 있습니다. 챗GPT는 사람보다 글을 더 잘 쓰고, 대화도 그럴듯하게 이어 갑니다. 사실은 방대한 데이터 학습을 바탕으로 다음에 나올 적절한 단어를 확률적으로 잘 예측할 뿐입니다. 그래서 '확률론적 앵무새'라고도 합니다.

한편 시스템 안에서 적절한 과정을 거쳐 사람처럼 말하고 글을 쓴다면 실제로 그 안에 지능이나 의식이 없다고 확신할 근거가 없다는 주장도 있습니다. 우리도 우리 머릿속에서 의식이나 지능이 생겨나는 과정을 모르니까요. 다른 사람들의 감정을 이해 못하는 소시오패스 중에는 다른 사람의 말과 행동, 표정을 보며 감정을 배우고 사람들과 관계를 맺어 가는 이들도 있습니다. 인공지능이 자의식을 흉내 내면 그 인공지능은 자의식을 가진 것일까요?

로봇과 인공지능이
만나면 어떻게 될까?

앞서 말했듯이 생성형 AI는 인간의 언어 능력에 초점을 맞춘 인공지능입니다. 챗GPT나 구글 제미니, 네이버 하이퍼클로바X 같은 생성형 AI 서비스는 컴퓨터의 인터넷 브라우저나 모바일 앱을 통해 사용할 수 있습니다. 컴퓨터나 스마트폰이 생성형 AI를 사용하는 매개체가 되는 것이지요. 그렇다면 생성형 AI를 로봇에 넣으면 어떨까요? 생성형 AI가 로봇의 두뇌가 되어 사람들과 자연스럽게 의사소통을 할 수 있게 되지 않을까요?

고객 상담 챗봇이나 온라인 게임 NPC에 생성형 AI를 적용하려는 시도는 이미 많이 이루어지고 있습니다. 만약 게임

NPC에 생성형 AI가 적용되어 상황에 맞는 대응을 한다면 어떨까요? 오픈AI의 GPT-4 초기 협력사 중에는 게임 NPC에 생성형 AI를 결합하려는 기업도 있었습니다.

게임뿐 아닙니다. 요즘 많이 이야기되는 메타버스에 생성형 AI를 활용하면 어떨까요? 메타버스는 디지털 공간인데, 그 안에서 새로운 세계를 구축하고 자신을 반영하거나 완전히 새로운 캐릭터로 살아갈 수 있습니다. 이 세계 안에 생성형 AI로 무장한 캐릭터들이 돌아다니며 사람 플레이어와 섞여 지내면 훨씬 다채롭고 흥미로운 메타버스를 만들 수 있을 것입니다.

이런 인공지능들은 소프트웨어적인 로봇이라 할 수 있습니다. 여기서 한발 더 나아가 실제 로봇에 생성형 AI를 적용하면 SF 영화에서 흔히 보던 지능형 로봇이 실제 만들어질 수도 있습니다. 사람처럼 두 발로 걷고 손으로 물건도 집어드는 휴머노이드가 사람 말까지 똑똑히 알아들으며 일을 할 수 있게 되는 것이죠.

지능을 가진 로봇

로봇 연구는 꾸준합니다. 우리나라 카이스트 연구진도 2004년에 휴보Hubo라는 사람 모습의 로봇을 만든 바 있습니다. 두 발로 계단을 오르고 손으로 문을 열거나 악수도 할 수 있었지요. 보스턴 다이내믹스Boston Dynamics라는 회사는 네 발로 빠르게 뛰거나 텀블링을 할 수 있는 로봇을 만들어 이목을 끌기도 했습니다. 이 회사는 본래 미국 기업인데, 우리나라 현대자동차가 인수했습니다. 지금도 우리나라 과학자들은 방울토마토같이 부드러운 과일을 터뜨리지 않고 집어올리는 로봇 손이나 바닷가 모래사장에서 넘어지지 않고 빠르게 달릴 수 있는 사족 보행 로봇 등을 개발하고 있습니다. 자율 주행 기능이 결합된 로봇도 조만간 등장하리라 기대합니다. 이 로봇들은 자유롭게 돌아다니면서 과수원에서 과일을 따거나 공장에서 사람과 섞여 일을 하게 되겠지요.

생성형 AI 열풍이 불면서 이를 로봇에 적용하려는 시도도 많습니다. 테슬라의 옵티머스가 대표적입니다. 테슬라 CEO 일론 머스크는 수시로 소셜 미디어에 옵티머스 영상을 올려 자랑합니다. 옵티머스는 두 발로 걸어다니며 손으로 달걀을 옮기고 춤을 추기도 합니다. 역시 휴머노이드를 만드는 미국

2004년에 카이스트에서 만든
휴머노이드, 휴보

스타트업 회사 피규어 AIFigure AI는 오픈AI와 엔비디아, 아마존 창업자 제프 베이조스Jeff Bezos 등에게서 6억 7,500만 달러 (9500억 원 정도)의 투자를 받았습니다. 피규어 AI는 GPT 등 오픈AI의 언어, 이미지, 영상 생성 기술을 기반으로 사람과 비슷한 로봇을 만든다는 계획입니다. 이 회사가 공개한 데모 영상을 보면 그릇과 사과, 쓰레기 등이 널려 있는 주방에서 휴머노이드가 사람과 대화하며 일을 해내는 모습이 나옵니다. 사람이 "먹을 것 좀 줄래?"라고 하자 주방에 있던 유일한 식품인 사과를 건네주고, "지금 이곳에서 필요한 일이 무엇일 것 같니?"라는 물음에는 "그릇을 정리해야 합니다"고 답하며 그릇을 집어 식기 건조대에 넣습니다. 무엇을 하라고 구체적으로 지시하지 않아도 상황을 보고 맥락에 맞게 필요한 일을 수행합니다. 이쯤 되면 집안일을 알아서 하라고 맡길 수 있겠네요. 오픈AI, MS, 엔비디아 등 인공지능 분야에서 앞서가는 기업들이 이런 로봇 개발 회사에 거액을 투자한 것은 인공지능과 로봇의 결합이 중요한 흐름이 되리라는 신호이겠지요.

성장 중인 휴머노이드 시장

현재의 로봇은 공장 생산 라인에서 특정한 일을 해내거나 물류센터에서 최적의 경로를 따라 물건 나르는 일 등을 합니다. 식당에서 음식을 서빙하는 로봇, 집을 말끔하게 청소하는 로봇 청소기도 볼 수 있습니다. 아직 로봇이 일상에 완전히 들어와 있지는 않지요.

◀◀◀

하지만 앞으로 로봇이 생성형 AI와 결합하면 로봇이 사람과 같은 공간에서 대화를 주고받으면서 일하는 모습을 흔히 볼 수 있을지 모릅니다. 지금은 안전 문제 때문에 사람과 로봇이 다른 공간에서 작업하는 경우가 대부분인데, 앞으로는 한 공간에서 사람과 함께 다양한 작업을 할 수도 있겠죠.

글로벌 리서치 회사 그랜드 뷰 리서치Grand View Research는 휴머노이드 시장 규모가 연평균 21.1퍼센트 성장할 것이라고 밝혔습니다. 2023년 현재 13억 1,000만 달러에서 2030년이 되면 50억 4,000만 달러로 커질 것이라고 내다보았습니다.

인공지능이 로봇을 통해 실제 세상에서 움직이고 주변 환경을 인식할 수 있다면, 인공지능도 한층 발전할 것입니다. 현재의 초거대 언어모델은 텍스트를 위주로 학습했습니다. 인공지능은 사람보다 훨씬 많은 데이터로 학습했지만, 사람과 달리 움직임이나 감각에 대한 학습을 할 수 없어 세상을 완전히 이해하기는 어렵습니다. 이런 인공지능에게 로봇은 실제 세상을 배울 수 있는 중요한 통로가 될 것입니다.

더 알기

인공지능 로봇 화학자

2023년 중국 과학기술대학교에서 산소 생산에 필요한 촉매로 쓰일 수 있는 후보물질을 찾아 합성, 테스트를 하는 데 성공했습니다. 그런데 이 일을 해낸 주인공은 사람이 아닙니다. 연구진이 만든 인공지능 로봇 화학자였습니다.

이 인공지능 화학자는 화성에서 가져온 운석들의 성분을 분류하고 이를 바탕으로 화학 성분을 추출해 내 촉매(특정한 화학 작용을 일으키는 방아쇠 역할을 하는 물질을 말한다. 효율적이고 값싼 촉매의 개발은 신물질 개발에 매우 중요하다)를 만들었습니다. 화성 물질에 대한 데이터와 실험 결과를 학습한 인공지능이 적절한 조성비를 찾았고, 소재를 처리하고 촉매를 만들어 테스트하는 과정은 모두 로봇이 처리했습니다. 즉 인공지능은 후보물질(촉매 신소재로 개발될 가능성이 높은 화합물을 말한다)을 찾고, 실험실에 설치된 로봇이 이를 바탕으로 합성과 테스트 과정을 수행한 것이지요.

보통 신물질을 합성하려면 매우 많은 시간과 노력, 돈이 필요합니다. 물질이 워낙 많으니, 이 물질들을 어떻게 조합해야 원하는 기능을 내게 할지 예측할 수 없기 때문이지요. 글로벌 제약사들이 새로운 약을 개발하는 데 보통 1조 원 이상의 돈과 10년 이상의 시간을 들이는 이유입니다.

그런데 인공지능은 화학물질 데이터를 빠르게 뒤져 가며 인간은 상상할 수 없는 속도로 조합과 합성을 반복할 수 있습니다. 중국 과학자들이 개발한 인공지능 화학자는 사람 연구자가 2천 년간 작업할 분량의 일을 해냈습니다.

이 인공지능 화학자의 연구 결과는 화성을 탐사할 때 필요한 산소를 공급하는 데 도움이 될 것입니다. 지구에서 화성으로 산소나 물 등 생존에 꼭 필요한 물질을 수송하려면 막대한 비용이 듭니다. 화성 현지의 물질로 산소를 만들 수 있다면 비용 절감에 큰 도움이 되고, 화성이 우주인이 살기 좋은 곳으로 개발도 되겠지요. 산소는 로켓 발사에 필요한 추진제 원료로도 쓰이기 때문에, 산소를 현지에서 만들면 화성과 지구 간의 로켓 운항도 쉬워질 것입니다.

중국 과학기술대학교에서 만든 인공지능 로봇 화학자

　미국 카네기 멜런 대학교 연구진도 화학 연구용 인공지능 로봇을 개발했습니다. GPT-4 같은 초거대 언어모델에 화학물질 데이터베이스와 수많은 논문, 실험 매뉴얼, 화학 반응 등을 학습시켰습니다. 특정 진통제 성분이나 공업용 유기 화합물을 만들어 달라고 하면 필요한 물질과 화학반응 등을 검색해 최적의 합성 방법을 제시하고, 연동된 로봇이 실제 합성 작업을 수행합니다. 이 인공지능 화학자의 이름이 부과학자Coscientist입니다. 과학자를 돕는다는 뜻인데, MS의 인공지능 서비스 코파일럿Copilot, 부기장이란 뜻에서 아이디어를 얻었다고 합니다. 부과학자는 과학자들에게 든든한 연구조교이자 협력자가 되어 주겠지요.

이처럼 인공지능은 과학 연구 방식도 바꾸어 놓고 있습니다. 특히 방대한 화학물질을 끊임없이 조합하고 합성해야 해서 많은 시간과 노력이 필요한 화학 분야 등에서 활약이 기대됩니다.

사람의 뇌와 컴퓨터를
연결한다고?

앞서 말했듯이 인공지능을 인공일반지능으로 발전시키기 위해 많은 연구가 이루어지고 있습니다. 그런데 인간 지능의 한계를 극복할 수 있는 다른 접근 방법도 있습니다. 바로 사람의 뇌와 컴퓨터를 바로 연결하는 것이죠. 이를 뇌-컴퓨터 인터페이스BCI, Brain-Computer Interface라고 합니다. 쉽게 말해 뇌에 칩을 심어 뇌 기능을 조정하거나 강화하는 것입니다.

본래 BCI 기술은 뇌 신경계의 문제로 몸을 자유롭게 쓰지 못하는 사람들을 위해 개발되기 시작했습니다. 뇌 속에 작은 전자장치를 심어 뇌파 신호를 인공적으로 전달해 팔이나 다리 등 특정 신체 부위를 움직이게 할 수 있습니다. 전신마비

장애인 등의 불편을 덜어 줄 것입니다. 척수를 다쳐 하반신이 마비된 사람의 뇌에 칩을 심어 전기 자극을 주자 실제 걷게 된 일이 최근에 있었습니다. BCI 기술은 뇌의 신호를 해석해 말을 못하는 사람의 생각을 음성으로 합성하거나, 외부나 빛의 자극을 받아들여 시각장애인에게 사물의 모습을 전달할 수도 있으리라 기대됩니다.

만약 이런 기술이 더 발전하고, 뇌 속 전자장치와 인터넷이 연결된다면 우리는 지식을 배울 필요 없이 직접 뇌에 다운로드받을 수 있을지도 모릅니다. 이를테면 비행기 기장이 갑자기 심장마비를 일으켰을 때 전혀 비행기를 조종할 줄 모르는 승객의 머릿속에 비행 매뉴얼을 내려받는 식이죠.

뇌-컴퓨터 인터페이스

일론 머스크는 뉴럴링크Neuralink라는 회사를 세워 이 같은 BCI 기술을 연구하고 있습니다. 뉴럴링크는 꾸준히 연구를 진행해 오다 2024년 초, 처음으로 BCI 칩을 사람 머리에 심는 수술을 했습니다. 머스크는 "휴대폰이나 컴퓨터 등 어떤 기기라도 생각만으로 다룰 수 있게 될 것"이라며 "스티븐 호

BCI 기술에 대해 설명하는 일론 머스크

킹 박사가 속기사보다 빨리 의사소통을 할 수 있었다면 어땠을 것 같은가"라고 아쉬움을 표했습니다. 스티븐 호킹 박사는 탁월한 물리학자였는데, 희귀병 탓에 몸을 움직이지 못했지요. 의사소통은 눈으로 컴퓨터에서 고른 글자들을 합성한 인공 음성으로 했습니다.

사람에 앞서 뉴럴링크는 돼지나 원숭이 뇌에 '링크'라는 작은 칩을 심어 실험을 했습니다. 링크는 뇌파를 읽어 외부로 내보내고, 연구자들은 이 신호를 읽고 몸의 특정 움직임

◀◀◀

과 특정 신경세포를 연결시켰습니다. 뇌에 링크를 심은 원숭이는 훈련을 거쳐 생각만으로 '퐁'이라는 간단한 비디오 게임을 할 수 있었습니다. 퐁은 1972년에 나온 최초의 비디오 게임으로, 화면 양쪽 끝에 있는 막대기를 위아래로 움직이며 탁구처럼 공을 받아 치는 간단한 게임입니다.

페이스북 창업자인 마크 저커버그Mark Zuckerberg도 BCI 기술에 관해 연구하고 있습니다. 생각만으로 페이스북이나 인스타그램에 포스트를 올리는 날이 올까요? 가상현실VR, Virtual Reality 메타버스 세계에서 활동한다면 입력 수단이 큰 문제가 되는데, 생각을 읽어 텍스트나 음성으로 바꿀 수 있다면 훨씬 편리해질 것입니다.

미래의 인류 모습은 어떨까

BCI 역시 인공지능이나 지능과 관련된 다른 기술들과 마찬가지로 아직 갈 길이 멀고 불확실합니다. 인간의 생각이나 의도, 움직임이 단지 뇌파 신호로 모두 해석될 수 있는 것인지, 그렇다고 해도 이를 정확하게 읽고 조정하는 것이 가능할지는 모를 일입니다. 뇌의 전기 신호를 주고받으며 움직임을 조정한다면, 누군가 뇌를 해킹하는 것도 가능하지 않을까요?

또 하나 문제는 뇌 신호를 읽는 칩을 어떻게 머리에 심느냐는 것입니다. 두개골을 열어서 칩을 심으면 가장 확실합니다. 신호를 읽는 정확도도 높일 수 있고요. 그런데 머리 수술을 하면서까지 BCI 기술을 자기 몸에 적용하고 싶은 사람은 거의 없을 것입니다. 현재 머리에 뇌파 송수신 칩을 심은 사람은 대부분 뇌전증(간질) 환자들입니다. 치료 목적으로 칩을 심어 발작을 조절하는 것이지요. 그래서 현재는 뇌전증 환자들의 동의를 얻어 연구를 하고 있는 정도입니다. 두피에 전극을 붙여 신호를 읽으면 훨씬 간단하고 위험성도 줄어들지만, 당연히 신호 해석의 정확도는 떨어집니다.

일론 머스크는 인간 뇌를 외부의 컴퓨터와 네트워크에 연결해 인간의 한계를 뛰어넘자고 합니다. 아직까지 이런 주장은 어딘가 불편한 것이 사실입니다. 일본 애니메이션 〈공각기동대〉에는 전뇌電腦를 가진 특수군 요원이 등장합니다. 이 요원은 몸은 사이보그고 뇌는 컴퓨터와 결합돼 컴퓨터의 도움을 받습니다. 이것이 인류의 미래라면 어떤 생각이 드나요?

엄밀히 따지면, 사람은 끊임없이 기기와 장비를 통해 능력을 강화해 왔습니다. 안경, 목발, 보청기 등이 흔한 예지요.

기중기나 포크레인은 인간을 수십수백 배 강하게 해 주었습니다. 우리 지식과 정보 처리 능력을 확장해 준 스마트폰은 이제 몸의 일부처럼 느껴질 정도고요. 여기에 더해 신체에 컴퓨터와 인터넷 네트워크가 추가된다면, 인간의 특성이 근본적으로 바뀔까요?

BCI 기술이 과연 우리가 상상하는 수준으로 발전할 수 있을지는 알 수 없지만, 많은 연구 개발과 기술 발전이 이 방향으로 흐르고 있는 것은 사실입니다. BCI 기술은 앞으로 인간이 어떤 모습으로 살아가야 할지 생각해 보게 한다는 점에서 계속 주목할 필요가 있습니다.

새로운 컴퓨터가 나올까?

생성형 AI가 등장하는 데 큰 기여를 한 것이 GPU 반도체입니다. GPU는 컴퓨팅 성능 향상과 병렬 연산에 특화된 것이지요. 그런데도 하루가 다르게 빨라지는 인공지능의 발전 속도를 과연 현재의 컴퓨터가 따라잡을 수 있을지 걱정하는 목소리가 나옵니다.

현재의 컴퓨터는 연산과 메모리를 분리한 폰 노이만 구조를 채택하고 있다고 앞에서 짚었습니다. 메모리 영역에 저장해 둔 프로그램들을 CPU가 필요할 때마다 불러오는 방식입니다. 데이터는 '버스'라는 통로를 따라 메모리에서 CPU로 이동합니다. 프로그램을 미리 저장해 두었다가 필요할 때마다 불러올 수 있는 방식이라 간편하게 연산을 할 수 있지요.

그런데 이 구조에는 근본적인 한계가 있습니다. 명령어와 데이터가 버스를 타고 쉴 새 없이 이동해야 하기 때문에 데이터가 늘어날수록 이동하는 길에서 병목 현상이 생깁니다. 데이터 전송이 늦어져 효율성이 떨어지는 것이죠. 또 데이터가 많이 오가다 보니 열이 납니다. 이 역시 컴퓨터의 성능을 떨어뜨립니다. 현재 컴퓨터는 회로 선폭이 2~3나노미터$_{nm}$ 수준까지 줄어 발열에 더 민감해졌습니다. 그런데 이런 상황에서 훨씬 많은 컴퓨팅 능력을 필요로 하는 인공지능 모델이 등장한 것입니다. 구글 같은 빅테크 기업은 웬만한 나라 하나만큼의 전기를 씁니다.

양자 컴퓨터

이런 문제를 해결할 대안 중 하나가 양자 컴퓨터입니다. 양자 컴퓨터는 양자의 중첩 상태를 이용해서 연산을 수행하는 컴퓨터를 말합니다. 보통 컴퓨터는 2진법을 근간으로 작동합니다. 0과 1 두 가지 상태만 가지고 모든 논리적 연산을 수행하는 것입니다. 반도체는 전류나 전압의 흐름을 열거나 닫아 2진 상태를 표현하는 트랜지스터를 눈에 안 보일 정도로 작게 만들어 수없이 많이 모아 놓은 것입니다.

반면 양자 컴퓨터는 0과 1 외의 다른 상태도 활용할 수 있습니다. 원자 크기 수준의 미시 세계에선 물질이 양자 역학이라는 독특한 방식으로 움직이기에 가능한 일이지요. 보통 우리가 사는 세계에서 한 물질은 하나의 상태만 가질 수 있습니다. 반면 양자 역학의 세계에서는 한 물질에 여러 상태가 중첩되어 있다가 관측하는 순간 하나의 상태로 결정됩니다. 관측하기 전에는 이를테면, 0과 1의 두 상태가 확률적으로 중첩되어 있습니다. 양자 컴퓨터는 일반 컴퓨터(보통 고전 컴퓨터라고 한다)의 비트 대신 이렇게 중첩된 상태의 큐비트qubit를 사용합니다. 따라서 고전 컴퓨터에 비해 훨씬 빠르게 많은 경우의 수를 계산할 수 있습니다.

현재 인터넷 보안에 쓰이는 암호 기술도 양자 컴퓨터를 이용하면 해킹될 수 있다고 봅니다. 대표적인 인터넷 보안 기술인 RSA 암호는 아주 큰 수의 소인수분해는 매우 어렵다는 사실을 활용합니다. 엄청나게 큰 소수 두 개를 곱하는 계산은 쉽게 할 수 있지만, 처음의 두 수를 모른 채 이 계산의 결과로 나온 큰 수가 어떤 소수의 곱의 결과인지는 알기 어렵습니다. 이 계산을 푸는 데 수천수만 년도 걸리기 때문에

◀◀◀

이들 소수를 열쇠로 써 암호로 활용할 수 있는 것이지요.

그런데 양자 컴퓨팅 알고리즘을 쓰면 소인수분해를 빠르게 할 수 있음이 발견되었고, 이것은 인터넷 보안이 붕괴될 수 있다는 의미입니다. 금융, 건강 등에 관한 개인 정보나 국방 기밀들이 해킹될 수 있다는 것이죠. 또 신약 물질을 찾기 위한 물질의 조합, 복잡한 금융 거래를 위한 매매 알고리즘 등 극도로 복잡한 현상을 예측할 수 있는 알고리즘도 개발될 전망입니다.

큐비트를 만들고 유지하는 것이 어려워 아직 상용화 수준에 이르지는 못했지만, 학계와 여러 나라 정부의 관심 속에서 큐비트 관련 기술이 빠르게 발전하고 있습니다. 현재 컴퓨터의 한계를 뛰어넘는 인공지능 개발도 가능해질 것으로 보입니다.

뉴로모픽 컴퓨팅

또 하나의 대안은 인간의 뇌 구조를 더 직접적으로 모방한 뉴로모픽 컴퓨팅입니다. 인간의 뇌는 그 어떤 컴퓨터보다 유연하게 학습할 수 있지만, 에너지는 전구 하나 밝힐 정도인 약 20와트w만 씁니다. 이 에너지로 1000억 개의 뉴런과 100조 개의 시냅스를 가진 뇌를 돌립니다. 이처럼 효율적인 뇌의 생물학적 구조를 모방하려는 것이 뉴로모픽neuromorphic 컴퓨팅입니다.

뇌에서는 병렬 연결된 수많은 뉴런과 시냅스 사이를 신호가 오갑니다. 이때 의미 있는 신호가 우선적으로 자주 전달되고, 중요하지 않은 정보는 덜 전달됩니다. 뉴런 사이에 오가는 자극이 의미 있는 수준에 도달하면 신호가 강해져 마치 뾰족한 스파이크spike처럼 신호가 커지며 다음 뉴런에 전달됩니다. 뇌는 중요하지 않은 정보는 무시하고, 가끔 등장하는 강력하고 중요한 신호를 중점적으로 처리하기 때문에 처리 속도가 빠르고 에너지를 효율적으로 사용합니다.

반면 현재 우리가 쓰는 반도체는 정해진 전압을 기준으로 스위치를 열고 닫으며 0과 1의 두 비트만 구분합니다. 이런 디지털 방식은 신호를 깨끗하게 전달할 수 있는 장점은 있지만, 뇌의 신호 전달을 모방하기에는 한계가 있습니다.

뉴로모픽 컴퓨팅은 다양한 신소재를 활용해서 사람 뇌의 신호 처리를 모방하려고 합니다. 에너지 소모가 적기 때문에 거대한 인공지능 모델도 효율적으로 학습시킬 수 있고, 센서를 통해 받아들인 시각과 촉각 등의 정보도 빠르게 처리해 활용할 수 있습니다. 센서를 통해 들어오는 주변 환경 정보를 현장에서 빠르게 처리해 문제를 탐지하거나, 인공지능 서비스 회사의 클라우드 서버에 접속하지 않고도 스마트폰 단말기에서 인공지능 기능을 바로 활용할 수 있습니다.

주요 IT 기업과 과학자들이 뉴로모픽 컴퓨팅 연구에 몰두하고 있지만, 한계는 있습니다. 뇌의 작동 원리를 아직 우리가 다 이해하지 못하고 있기 때문이지요. 그러므로 뉴로모픽 컴퓨팅을 실제 생활에서 체감하려면 아직 많이 기다려야 할 듯합니다. 인간의 사고를 대신할 인공지능의 수요가 커지는 만큼, 뉴로모픽 컴퓨팅 분야 연구는 앞으로도 계속될 거라고 봅니다. 언젠가는 뇌처럼 효율적으로 배우고 감각을 느끼면서, 현재의 뇌나 컴퓨터가 상상할 수 없는 일을 처리할 수 있는 궁극의 생각 혹은 감각 기계가 나오지 않을까요.

MS는 어떻게 부활했을까?

오픈AI만큼 MS도 인공지능 열풍에 이득을 보았습니다. MS는 오픈AI에 누적 130억 달러(약 17조 원)라는 어마어마한 금액을 투자했다고 앞서 말했습니다. 당연히 두 회사는 아주 가까워졌습니다. 오픈AI는 투자받은 돈으로 초거대 언어모델인 GPT를 개발할 수 있었고, MS는 최신 인공지능 기술을 자기네 회사의 여러 서비스에 접목할 수 있었지요. MS 오피스 프로그램과 빙, 에지 등에 GPT 기반의 코파일럿 기능을 접목해 어디서나 활용할 수 있게 했습니다.

그 덕분에 MS는 최근 빠른 성장세를 보이고 있습니다. MS 주가는 챗GPT 공개 직후 약 240달러에서 2024년 4월 현재 450달러 이상으로 껑충 뛰었습니다. 애플, 구글을 제치고 시가총액 1위에 오르기도 했습니다.

우리는 거의 매일 MS 제품을 접합니다. 집이나 학교에서 쓰는 컴퓨터에는 대부분 MS의 윈도 운용체계가 설치되어 있을 것입니다. 과제나 업무를 처리할 때 자주 쓰는 워드, 엑셀, 파워포인트 같은 프로그램도 모두 MS 제품이지요. MS는 오랫동안 세계 최고의 IT 기업이라는 자리를 지켜 왔습니다.

뒤늦은 출발

그런데 모바일 시대에 접어들면서 MS는 위기에 빠졌습니다. 요즘은 컴퓨터를 쓰는 시간보다 스마트폰을 보는 시간이 더 많죠. 모바일 시대에 주목받는 기업들은 어디일까요? 아이폰을 만드는 애플, 안드로이드 OS를 만드는 구글, 스마트폰 1등 제조 기업인 삼성전자 등이 대표적입니다. 페이스북이나 왓츠앱 같은 소셜 미디어와 메신저 사업을 하는 메타 같은 기업도 주목을 받고 있지요.

이런 현실에 MS의 자리는 없었습니다. MS는 PC 시장 선두 업체라는 위치에 너무 취해 있다가 모바일 시장에 늦게

MS를 새롭게 변신시킨 사티아 나델라

진입한 것입니다. 뒤늦게 윈도 기반의 스마트폰을 만들고, 노키아라는 대형 휴대폰 제조사를 인수해 보기도 했지만, 모두 실패했습니다. 그렇게 쓸쓸히 내리막길을 걷는 듯 보였습니다.

그런데 인도 출생의 사티아 나델라Satya Nadella가 CEO가 되면서 분위기가 바뀌기 시작합니다. 이때부터 MS는 구글, 애플과 모바일 시장에서 경쟁하기보다는 이들이 만든 생태계에 적응하기 시작했습니다. 워드, 엑셀 같은 오피스 프로그램의 모바일 앱을 제대로 만들어 내놓기 시작했어요.

또 한편으로는 클라우드 서비스 사업에 힘을 쏟았습니다. 클라우드cloud는 구름이란 뜻이지요. 데이터를 자신의 컴퓨터

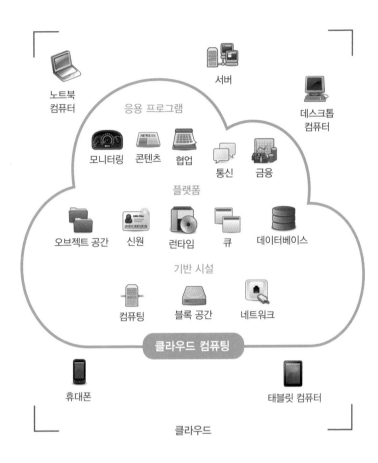

노트북
컴퓨터

서버

데스크톱
컴퓨터

응용 프로그램

모니터링　콘텐츠　협업

통신　금융

플랫폼

오브젝트 공간　신원　런타임　큐　데이터베이스

기반 시설

컴퓨팅　블록 공간　네트워크

클라우드 컴퓨팅

휴대폰

태블릿 컴퓨터

클라우드

에 보관하지 않고 인터넷을 통해 중앙 컴퓨터에 저장할 수 있는데, 이 공간을 클라우드라고 합니다. 어디서나 구름을 볼 수 있듯이 인터넷만 연결되면 언제 어디서든 클라우드에서 저장한 데이터를 가져다 작업할 수 있게 하는 것이 클라우드 서비스고요.

▶▶▶

클라우드 서버는 데이터 센터에 있는데, 이 거대한 시설물은 보통 큰 기업이 아니고는 갖출 수 없습니다. 아마존이나 MS 같은 큰 기업이 데이터 저장과 관리, 보안 등을 전문적으로 대신해 주니, 개별 기업들은 IT 문제에 신경을 덜 쓰고 자기 사업에 집중할 수 있게 되었지요. 중소기업이나 스타트업도 쉽게 사업을 시작할 수 있고요.

여러분도 스마트폰이 망가져 찍어 둔 사진이나 동영상을 잃어버릴 걱정을 하지 않게 되었습니다. 클라우드에 저장해 둔 파일을 다른 곳에서도 열어 작업하거나, 파일을 보며 친구와 함께 작업을 할 수도 있게 되었고요. 언제 어디서나 작업이 가능한 모바일 시대에는 클라우드 서비스가 무척 중요합니다.

인공지능에 주목하면서 부활

이런 변화 덕분에 모바일 시대에 뒤처졌던 MS는 부활할 수 있었습니다. 그리고 모바일에 이어 인공지능이 시장 흐름을 바꿀 중요한 기술이라 판단하고 집중적으로 투자합니다. 사실 인공지능은 MS 사업과 궁합이 잘 맞는 기술입니다. 인공지능이 학습하는 데 클라우드가 중요한 역할을 하기 때문이지요.

클라우드에는 많은 데이터가 저장돼 있습니다. 이 클라우드 서버는 데이터 센터에 있고요. MS에는 아주 유리한 상황이지요. 일례로 오픈AI의 GPT 역시 MS의 데이터 센터에서 학습을 수행했습니다. MS가 오픈AI에 투자한 금액의 상당수가 다시 MS의 서버 사용료로 돌아왔다고 합니다.

MS는 모바일 시장에서 뒤처져 위기에 놓였지만, 클라우드와 인공지능 분야에 적극 투자하면서 빠르게 변신한 덕분에 부활할 수 있었습니다. 애플이나 구글에 밀려 구세대 기업으로 치부될 때도 있었지만, 다시 가장 혁신적인 기업으로 주목을 받고 있습니다.

엔비디아는 어떻게
세계 최고가 되었을까?

초거대 인공지능 모델을 학습시키고 운영하는 데는 아주 많은 데이터와 반도체, 전기가 필요합니다. 인공지능에 쓰이는 반도체를 만드는 대표적인 회사가 엔비디아입니다. 오픈AI의 GPT 모델은 MS의 데이터 센터와 엔비디아의 반도체를 밑거름으로 개발될 수 있었습니다. 챗GPT 등장으로 인공지능이 대세가 되면서 주요 기업들이 너나없이 인공지능 모델 개발에 나서고 있습니다. 이 기업들도 연구 개발에 모두 반도체가 필요합니다. 그 덕분에 엔비디아는 현재 반도체와 인공지능 양 분야에서 가장 중요하고 급성장하는 기업이 되었습니다.

엔비디아 CEO 젠슨 황

엔비디아는 대만계 미국인 젠슨 황 등이 1993년 미국 실리콘밸리에서 창업한 반도체 회사입니다. 벌써 30년이 넘는 역사를 가진 중견 기업이지요. 컴퓨터 그래픽이 빠르고 원활하게 처리되도록 하는 그래픽 처리 장치GPU를 만드는 회사로 출발했습니다. 게임을 좋아하는 분들은 아마 컴퓨터 살 때 그래픽카드를 사야 할지 고민해 본 적이 있을 것입니다. 엔비디아는 GPU를 만들어 넣은 그래픽카드를 팝니다. 지포스GeForce 들어 보셨죠? 엔비디아의 대표적인 그래픽카드 제품입니다.

창업 초기에는 인텔이나 AMD처럼 CPU도 만들려고 했지만, 경쟁력이 없을 것 같아 컴퓨터 그래픽 처리를 보조하는

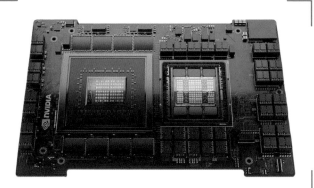
엔비디아 인공지능 GPU

반도체 제조에 주력했다고 합니다. 1990년대 초는 컴퓨터에서 그래픽과 이미지가 점점 더 중요해진 시기였습니다. 특히 게임 시장이 커지면서 더 화려하고 자연스러운 게임 그래픽에 대한 수요가 높아졌지요. 엔비디아의 GPU는 실제처럼 빛의 움직임을 재현하여 실감 나는 그래픽을 만드는 레이 트레이싱ray tracing을 가능하게 했습니다. 소니 플레이스테이션 같은 게임 전용 기기에도 엔비디아의 GPU가 들어갑니다. 게임뿐 아니라 영화의 특수효과나 3D 그래픽 작업 등에서도 엔비디아의 반도체는 중요한 역할을 합니다.

인공지능 시대에 물 만난 GPU

엔비디아는 GPU라는 제품군을 처음 시장에 내놓은 기업입니다. 컴퓨터의 두뇌라 할 CPU는 보통 소수의 복잡한 연산 작업을 빠르게 처리하는 반면, GPU는 단순한 작업 여러 가지를 동시에 많이 처리합니다. 이런 처리를 '병렬 처리'라고 하지요. 병렬 처리는 그래픽 처리라는 특정 업무를 빠르고 효율적으로 수행하는 데 적합한 방식입니다.

이렇듯 GPU는 컴퓨터가 어떤 과제를 빠르게 수행할 수 있게 하는 반도체입니다. '어떤 과제를 빠르게 수행하는 것'을 업계에서는 '가속'이라고 하지요. 엔비디아는 창업 초기에 그래픽 기능을 가속하는 제품을 만들었는데, 이것이 생각지 못한 많은 곳에서 쓰인 것입니다. 이를테면, GPU는 비트코인 같은 암호화폐 채굴에 유용합니다. 채굴은 블록체인을 통해 코인이 정상적인 거래로 만들어졌는지 아닌지를 확인하는 과정입니다. 쉽게 말하면, 위조 화폐를 거르는 작업인 셈이지요. 채굴자들은 컴퓨터로 복잡한 연산 문제를 풀어 가짜 코인을 검증하면 이에 대한 보상으로 비트코인을 받게 됩니다.

암호화폐 가격이 상승하니, 비트코인 채굴에 나서는 사람도 늘어났습니다. 덩달아 엔비디아의 GPU와 그래픽카드 수요도 폭증했지요. 가격이 천정부지로 치솟는데도 물건을 구하기 힘들 정도였습니다. 인공지능 열풍이 불기 전, 코로나19 팬데믹 때에는 메타버스에 대한 관심이 높았는데요, 메타버스의 3차원 세계를 구축하는 데도 엔비디아의 GPU가 꼭 필요했습니다. 엔비디아는 메타버스 붐이 일 때도 그 덕을 많이 봤죠.

미리 만들어 놓은 생태계

인공지능 시대가 열리면서 엔비디아는 잠재된 능력을 활짝 꽃피웠습니다. 방대한 데이터와 복잡한 알고리즘을 처리해야 하는 심층신경망 운영에 GPU가 안성맞춤이라는 사실이 연구자들 사이에서 알려지기 시작한 것입니다. 일례로 제프리 힌튼 교수 연구진이 엔비디아 GPU로 학습시킨 심층신경망이 고양이 사진을 정확히 골라냈지요. 이후의 알파고와 트랜스포머, GPT 등도 엔비디아의 GPU가 있어 나올 수 있었습니다.

인공지능 모델의 규모를 키울수록 성능이 좋아진다는 사

실이 알려지면서 빅테크 기업들은 대규모 인공지능 연구에 경쟁적으로 나섰습니다. 이들 역시 엔비디아의 반도체를 필요로 합니다. 엔비디아는 인공지능 학습에 쓰이는 GPU 시장의 90퍼센트를 차지하고 있습니다. 제품 하나의 가격이 1만 달러 수준인데도 생산 속도가 수요를 못 맞추고 있는 현실입니다.

엔비디아가 세계 1위의 GPU 업체가 된 데에는 다른 배경도 있습니다. 엔비디아는 일찍부터 자신들의 GPU를 편리하게 쓸 수 있는 소프트웨어 도구를 무료로 공개하고 기술 지원을 해 왔습니다. 즉 생태계를 만드는 일에 힘을 쏟은 것이지요. 2006년부터 GPU에 일을 시킬 수 있도록 알고리즘을 편리하게 짤 수 있는 쿠다CUDA라는 소프트웨어를 제공했는데, 이후 대부분 개발자가 이 도구를 쓰면서 다른 경쟁사 제품이 시장에 진입하기 어렵게 된 것이지요.

엔비디아의 전성기가 계속 이어질지는 알 수 없습니다. 인공지능 기업들이 반도체를 직접 만들려 하고, 인공지능에 더 최적화된 반도체를 만들려는 기업도 많아졌기 때문입니다. 이후 반도체 업계 판도가 어떻게 바뀔지 모르지만, 그럼에도 변하지 않을 사실은 엔비디아가 인공지능 시대를 연 원동력 중 하나란 것이지요.

우리는 어떻게
대비하고 있을까?

우리뿐 아니라 많은 나라가 인공지능에 관심을 쏟고 있습니다. 인공지능이 기술 발전과 경제 성장에 많은 영향을 미칠 뿐 아니라, 인공지능 기술을 보유했는지 아닌지가 국력을 판가름하는 시대이기 때문이지요.

우리 것을 만들자

우리나라 상황을 보겠습니다. 네이버가 초거대 언어모델 하이퍼클로바X를 자체 개발했습니다. 네이버는 하이퍼클로

◀◀◀

바X가 한글 인식과 생성에 강점을 가졌다는 점을 내세웁니다. 한국 정서에 맞는 인공지능이라는 이야기지요. 네이버는 하이퍼클로바X가 비용도 덜어 준다고 강조합니다. 앞서 말했듯이 인공지능 모델이 인식하는 단어 단위를 토큰이라고 하는데, 챗GPT의 경우 영어 데이터 위주로 학습했기 때문에 한글 토큰이 더 길어지는 경향이 있습니다. 생성형 AI 모델을 기업이 쓸 때 주로 토큰 단위로 과금하기 때문에 한국 사람이 한국어로 이용하면 비용이 더 늘어납니다. 반면 하이퍼클로바X는 한국어를 기준으로 학습했기 때문에 이런 문제가 없다는 것이지요.

카카오는 네이버보다 조금 늦게 인공지능 분야에 뛰어들었습니다. 코GPTKoGPT라는 초거대 언어모델을 개발하고 있습니다. SK텔레콤이나 KT 같은 통신사들도 자체 인공지능 모델을 개발하는 등 인공지능을 신사업으로 정하고 이 분야에 적극 진출하고 있습니다.

인공지능 반도체 분야에서는 SK하이닉스가 활약하고 있습니다. 메모리 반도체를 만드는 SK하이닉스는 인공지능에 적합한 고대역메모리HBM, High Bandwidth Memory라는 반도체를 생산하고 있습니다. HBM은 메모리 반도체를 여러 층 쌓고 이 층들을 관통하는 통로를 뚫어 프로세서와 통신하는 구조입니다. 한 번에 데이터를 처리할 수 있는 대역폭이 넓고 전력 소모가 적은 편이라 많은 데이터를 빠르게 학습해야 하는 인공지능에 많이 활용됩니다. SK하이닉스의 HBM 반도체는 엔비디아의 인공지능 반도체 제품에 함께 포함되어 팔립니다.

한편 삼성전자는 네이버와 손잡고 인공지능 모델의 추론에 최적화된 '마하'라는 칩을 개발하고 있습니다. 엔비디아의 칩을 대체할 제품을 만들려는 것이지요. 이외에도 여러 스타트업이 인공지능 학습과 추론에 최적화된 반도체 개발에 도전하고 있습니다.

소버린 AI 시대

인공지능 기술 개발은 거의 모든 국가가 관심을 쏟는 분야입니다. 일단은 인공지능이 경제에 큰 도움을 주어서이고, 더 근본적으로는 앞으로 이 기술을 갖고 있지 않으면 외국 기업에 예속될 수 있기 때문이지요. 장기적으로는 국가 안보에도 영향을 미칠 수 있습니다.

검색엔진이나 소셜 미디어 분야에서 일어난 일을 보면 알 수 있는 일이지요. 세계 검색엔진 시장에서 1위는 구글이고, 소셜 미디어는 페이스북·인스타그램 등을 운영하는 메타, 전 자상거래는 아마존입니다. 몇 안 되는 미국 기업이 디지털 세 계를 지배하고 있는 것입니다.

이렇다 보니 무슨 문제가 생기면 국가 차원에서도 제대로 대응하지 못하는 경우가 많습니다. 알고리즘 때문에 우리에 게 불리한 가짜뉴스가 확산되거나 청소년들이 안 좋은 콘 텐츠에 계속 노출돼도, 구글 같은 검색엔진 기업이 불공정한 행위를 해도 어쩌지 못하는 것입니다.

인공지능 분야에서도 이런 일이 반복될 수 있습니다. 앞에 서 말했듯이 초거대 인공지능 모델을 만들어 훈련시키려면 막대한 데이터와 반도체, 전기가 필요합니다. 큰돈을 쥐고 있 는 빅테크 기업이 아닌 한 만들기 어렵다는 뜻이지요. 지원금 이 제한돼 있는 대학의 인공지능 연구로는 이런 기업들을 따 라갈 수 없습니다.

그뿐인가요. 생성형 AI가 내놓는 결과물이 우리나라 입장 에서는 문제가 있는 내용이라면 어떻게 해야 할까요? 세계 모든 사람이 몇몇 미국 대기업이 만든 인공지능을 쓰다 보 면, 이 인공지능이 제시하는 세상 이외의 것들은 존재가 희 미해질 수밖에 없습니다. 또 이런 기업들은 인공지능을 이용해 전쟁 무기를 계속 개발할 수도 있고, 적국의 암호를 해독할 수도 있으며, 가짜뉴스를 퍼뜨려 상대 국가를 뒤흔들 수도 있습니다. 인공지능 기술이 없으면 이런 일들이 벌어졌을 때 맥없이 당하게 됩니다. 그래서 국가 차원에서 인공지능 기술을 확보해야 한다고 목소리를 높이는 것이지요.

국가 차원에서 개발하는 인공지능을 '소버린 AI'라고 합니다. 소버린sovereign은 '주권' 또는 '최고 통치권'을 뜻합니다. 소버린 AI 일환으로 우리나라에서는 네이버가 비영어권 국가들이 쓸 수 있는 인공지능 모델을 만들려 하고 있지요.

디지털 기술이 세계를 하나로 묶는 추세이지만, 한편에서는 나라마다 독자적인 인공지능 기술을 가지려고 노력하고 있습니다.

더 알기

인공지능을 어떻게 규제할까

인공지능은 이미 사회 곳곳에 녹아들어 있습니다. 인스타그램 피드에 누구의 사진이 먼저 올라오게 할지 결정하고, 취업에도 영향을 끼치며, 은행에서 대출을 받을 때도 관여합니다. 우리 삶의 점점 더 많은 부분이 인공지능에 좌우될 것입니다.

그런데 여러 번 강조했듯이 인공지능에는 편향된 시각이 깊숙이 숨겨져 있고, 이로 인해 어떤 사람들은 차별과 배제를 당할 수 있습니다. 그래서 세계 각국은 인공지능 기술이 통제할 수 없는 수준으로 발전하기 전에, 적절히 규제할 방법을 마련해야 한다고 목소리를 모으고 있습니다. 인공지능을 안전하게 사용할 수 있게 가이드라인을 만들어야 한다는 것이지요.

유럽

인공지능 규제에 가장 적극적인 곳은 유럽입니다. 유럽연합은 2023년 12월, 세계에서 처음으로 포괄적인 인공지능 규제를 위한 법률을 제정했습니다. 이 법은 인공지능 기술을 잠재적 위험 수준에 따라 4등급으로 나누어 규제합니다.

이 법에 따르면, 원격으로 사람 얼굴을 인식하는 인공지능 시스템을 유럽에서는 사용할 수 없습니다. 인공지능 기술을 활용해 대규모 감시를 자행할 수도 있어 허용하지 않겠다는 것이죠. 다만 중대한 범죄 수사를 위해선 예외적으로 사용할 수 있습니다.

또한 이 법에 따르면, 인공지능 알고리즘을 이용해 사람의 잠재의식에 영향을 미치려 하거나, 특정 사람이나 단체를 분류, 평가하는 행위도 할 수 없습니다. 인공지능이 차별을 유발하지 못하게 하려는 의도이지요.

자율 주행이나 의료 같은 분야에 적용되는 인공지능 기술은 고위험군 기술로 분류되었습니다. 이런 분야에 인공지능을 활용할 때는 인공지능에 관한 모든 것을 투명하게 공개하고, 외부 감사도 받아야 합니다.

초거대 언어모델에 대한 규제도 있습니다. 초거대 언어모델을 밑그림 삼아 특정 분야나 산업, 개별 기업 등에 최적화된 인공지능 모델을 개발하는 경우가 많습니다. 이때의 인공지능 모델은 다른 인공지능 모델의 기반이 된다 하여 파운데이션 모델foundation model이라고 합니다. 유럽연합은 파운데이션 모델을 토대로 다른 인공지능 모델을 만들 경우 그 기업들이 이 파운데이션 모델에 대한 정보를 모두 공개하고 아울러 이 인공지능을 활용함으로써 생길지도 모를 위험도 관리하도록 하고 있습니다.

이런 규제에 미국 빅테크 기업들은 불만을 토로하기도 합니다. 진짜 목적은 자신들을 규제하려는 것 아니냐는 지적이지요. 이 법이 규제하려는 인공지능은 결국 대형 소셜 미디어나 검색 기업의 알고리즘이 대부분이기 때문입니다. 아직까지 유럽에서는 성공한 IT 기업도, 인공지능 기업도 없습니다. 미국 빅테크의 행보를 옥죄려는 것 아니냐는 의심을 받는 이유이지요.

미국과 중국

다른 나라들도 인공지능 규제에 나서고 있습니다. 미국 바이든 대통령은 2023년 말에 국가나 경제 안보, 공공 안전 등에 영향을 미치는 인공지능 모델은 정부의 검증을 거쳐야 한다는 내용의 행정명령을 내린 바 있습니다. 여기에는 딥페이크(deepfake, 딥 러닝deep learning과 가짜fake를 합성한 말로, 인공지능을 기반으로 인간 이미지를 합성하는 기술을 말한다) 기술로 만든 이미지나 영상에는 '인공지능으로 만든 콘텐츠'임을 알리는 워터마크를 표시하도록 하는 내용도 포함되어 있습니다. 또 미국 기업의 인공지능 기술을 이용하는 외국 기업도 정부의 규제를 받도록 함으로써 중국을 견제하고 있습니다.

중국도 생성형 AI 서비스 관리 규정을 마련했습니다. 중국은 자국의 인공지능 기업은 파운데이션 모델 출시 전 정부에

신고하게 하고, 외국 기업은 중국에서 출시 승인을 내주지 않기로 하는 등 자국 보호 정책을 강화하고 있습니다.

우리나라는 아직 인공지능 기술이 세계 정상급이라고 보기는 어렵지만, 관련 기술 개발을 위해 많은 기업과 연구기관 등이 노력하고 있습니다. 또 국제적인 인공지능 관련 어젠다에 적극 참여하면서 인공지능 시대를 대비하고 있습니다.

**요즘 어른을 위한 최소한의
인공지능 이야기**

초판 1쇄 발행 2024년 7월 15일

지은이 | 한세희
펴낸곳 | (주)태학사
등록 | 제406-2020-000008호
주소 | 경기도 파주시 광인사길 217
전화 | 031-955-7580
전송 | 031-955-0910
전자우편 | thspub@daum.net
홈페이지 | www.thaehaksa.com

편집 | 조윤형 여미숙 김태훈
마케팅 | 김일신
경영지원 | 김영지

ⓒ 한세희 2024. Printed in Korea.

값 18,000원
ISBN 979-11-6810-289-7 03300

도서출판 날은 (주)태학사의 인문·에세이 브랜드입니다.

책임편집 여미숙
디자인 이유나